phildar

W0396823

Basiques enfants

Éditions marie claire

Éditions MARIE CLAIRE
Direction d'édition : Thierry Lamarre
Conception et réalisation : Charlotte Rion
Photographies : Pierre Nicou
Stylisme : Aurélie Tamin
Création : Phildar
Retoucheur/opérateur numérique : Jean Michel Boillot
Explications, grilles et schémas : Yolaine Fournie
Conception graphique, mise en pages : Either Studio
Couverture : Either Studio
Correction/révision : Véronique Blanc
Assistante d'édition : Marie Lecocq
Responsable coordination Phildar : Myriam Prez

Basiques enfants

Index

Modèles fille

Modèles garçon

1 Gilet

Réalisé en jersey et côtes 1/1, avec un effet « volanté » pour border le col, l'ouverture et les poignets. Qualité Partner 3,5.

2 Débardeur

À torsades, en point jersey et côtes 2/2.
Qualité Partner 3,5.

Gilet

TAILLES
2 ans (4 ans / 6 ans / 8 ans / 10 ans)

FOURNITURES
Qualité Partner 3,5 de Phildar (50 % polyamide, 25 % laine peignée et 25% acrylique) : 4 (4 / 5 / 6 / 7) pelotes coloris Grenadine • Aiguilles n° 3 et n° 3,5 • 69 (73 / 77 / 82 / 86) cm de ruban en velours • 5 boutons

POINTS EMPLOYÉS
Côtes 1/1
Jersey

ÉCHANTILLON
Il est indispensable à la réalisation d'un tricot aux bonnes dimensions.
10 cm de jersey, aig. n° 3,5 = 23 m. et 30 rgs

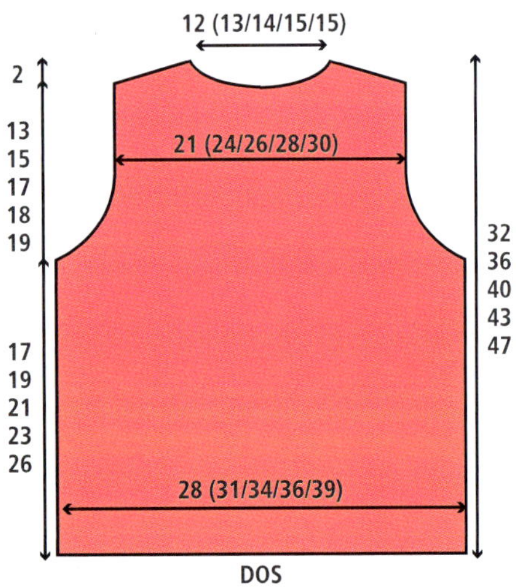

RÉALISATION
Dos
Monter 66 (74 / 80 / 84 / 92) m., aig. n° 3,5, tric. en jersey.
À 17 (19 / 21 / 23 / 26) cm de haut. tot., former les emmanch. en rab. de ch. côté ts les 2 rgs :
2 et 4 ans : 1 x 3 m., 2 x 2 m. et 1 x 1 m.
6 et 8 ans : 1 x 3 m., 2 x 2 m. et 2 x 1 m.
10 ans : 1 x 4 m., 1 x 3 m., 1 x 2 m. et 1 x 1 m.
Il reste 50 (58 / 62 / 66 / 72) m.
À 30 (34 / 38 / 41 / 45) cm de haut. tot., former les épaules en rab. de ch. côté ts les 2 rgs :
2 ans : 1 x 2 m. et 3 x 3 m.
4 ans : 2 x 3 m. et 2 x 4 m.
6 ans : 1 x 3 m. et 3 x 4 m.
8 ans : 4 x 4 m.
10 ans : 1 x 4 m. et 3 x 5 m.
En même temps, former l'encol. en rab. les 10 (12 / 14 / 16 / 16) m. centr. puis continuer un côté à la fs en rab. côté encol. ts les 2 rgs : 1 x 5 m. et 1 x 4 m.
Terminer le second côté de l'encol.

Demi-devant droit
Monter 26 (28 / 32 / 34 / 38) m., aig. n° 3,5, tric. en jersey.
À 17 (19 / 21 / 23 / 26) cm de haut. tot., former l'emmanch. en rab. à gauche ts les 2 rgs :
2 et 4 ans : 1 x 3 m., 2 x 2 m. et 1 x 1 m.
6 et 8 ans : 1 x 3 m., 2 x 2 m. et 2 x 1 m.
10 ans : 1 x 4 m., 1 x 3 m., 1 x 2 m. et 1 x 1 m.
Il reste 18 (20 / 23 / 25 / 28) m.
À 28 (32 / 35 / 38 / 42) cm de haut. tot., former l'encol. en rab. à droite ts les 2 rgs :
2 ans : 1 x 3 m., 1 x 2 m., 1 x 1 m., 4 rgs plus haut : 1 x 1 m.
4 ans : 1 x 3 m., 2 x 1 m., 4 rgs plus haut : 1 x 1 m.
6 ans : 1 x 3 m., 1 x 2 m., 1 x 1 m., ts les 4 rgs : 2 x 1 m.
8 et 10 ans : 1 x 3 m., 1 x 2 m., 3 x 1 m., 4 rgs plus haut : 1 x 1 m.
À 30 (34 / 38 / 41 / 45) cm de haut. tot., former les épaules en rab. côté emmanch. ts les 2 rgs :
2 ans : 1 x 2 m. et 3 x 3 m.
4 ans : 2 x 3 m. et 2 x 4 m.
6 ans : 1 x 3 m. et 3 x 4 m.
8 ans : 4 x 4 m.
10 ans : 1 x 4 m. et 3 x 5 m.
Tric. le demi-devant gauche en sens inverse.

Manches

Monter 46 (48 / 50 / 52 / 54) m., aig. n° 3,5, tric. en jersey en faisant de ch. côté à 2 m. des bords :

2 ans : tric. droit

4 ans : ts les 14 rgs : 2 x 1 augm.

6 ans : ts les 12 rgs : 2 x 1 augm. et ts les 10 rgs : 2 x 1 augm.

8 ans : ts les 12 rgs : 2 x 1 augm. et ts les 10 rgs : 3 x 1 augm.

10 ans : ts les 12 rgs : 3 x 1 augm. et ts les 10 rgs : 3 x 1 augm.

On obtient 46 (52 / 58 / 62 / 66) m.

À 10 (14 / 18 / 21,5 / 25) cm de haut. tot., former l'arrondi en rab. de ch. côté ts les 2 rgs :

2 ans : 1 x 2 m., 3 x 1 m., ts les 4 rgs : 5 x 1 m., ts les 2 rgs : 3 x 1 m. et 1 x 2 m.

4 ans : 1 x 2 m., 6 x 1 m., ts les 4 rgs : 4 x 1 m., ts les 2 rgs : 4 x 1 m. et 1 x 2 m.

6 ans : 1 x 2 m., 8 x 1 m., ts les 4 rgs : 2 x 1 m., ts les 2 rgs : 7 x 1 m. et 1 x 2 m.

8 ans : 1 x 2 m., 9 x 1 m., ts les 4 rgs : 2 x 1 m., ts les 2 rgs : 8 x 1 m. et 1 x 2 m.

10 ans : 1 x 2 m., 10 x 1 m., 4 rgs plus haut : 1 x 1 m., ts les 2 rgs : 10 x 1 m. et 1 x 2 m.

À 22 (27 / 32 / 36,5 / 41) cm de haut. tot., rab. les 16 m. restantes.

Tric. la seconde manche semblable.

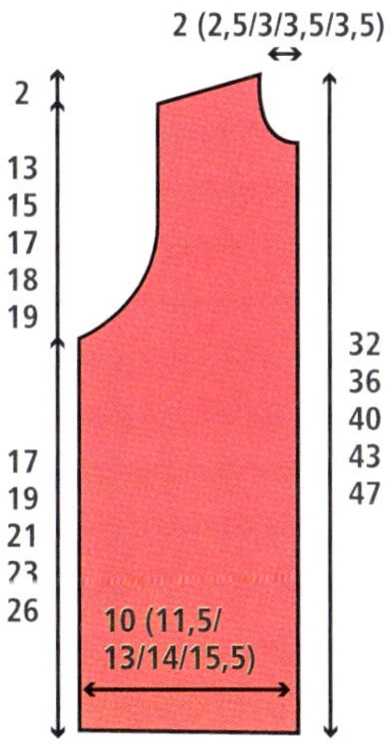

DEMI-DEVANT DROIT

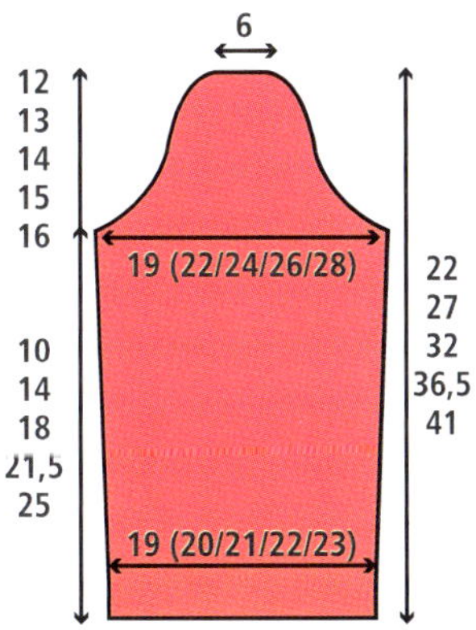

MANCHES

Gilet (suite)

ASSEMBLAGE ET FINITIONS

Faire la couture des épaules et des côtés.

Couper 20 (21 / 22 / 23 / 24) cm de ruban en velours et le coudre autour du poignet à pts cachés au-dessus du bord côtes.

Faire le même trav. sur la seconde manche.

Faire les coutures des manches.

Monter celles-ci aux emmanch.

Avec les aig. n° 3, relever 67 (71 / 75 / 79 / 83) m. autour de l'encol., faire un rg end. sur l'env. puis tric. 4 rgs de côtes 1/1 en commençant et en terminant le 1er rg et ts les rgs impairs (end. du trav.) par 2 m. end. puis tric. 4 rgs de jersey en répartissant des augm. sur le 1er rg de la façon suivante :

2 m. end., 1 augm. intercalaire, répéter de * à *.

Terminer par 4 rgs de côtes 1/1 et rab. souplement les m.

Avec les aig. n° 4, relever 59 (67 / 73 / 79 / 87) m., le long du demi-devant gauche, faire un rg end. sur l'env. puis continuer en côtes 1/1 en commençant et en terminant le 1er rg et ts les rgs impairs (end. du trav.) par 2 m. end. pendant 4 cm puis tric. 4 rgs de jersey en répartissant des augm. sur le 1er rg de la façon suivante : *2 m. end., 1 augm. intercalaire*, répéter de * à *.

Tric. 4 rgs de côtes 1/1 et rab. souplement les m.

Faire le même trav. le long du demi-devant droit en répartissant 5 boutonnières de 2 m. sur le 7e rg de côtes 1/1, la 1re à 4 (4 / 3 / 4 / 4) m. du bord, les suivantes espacées de 10 (12 / 14 / 15 / 17) m.

Couper 29 (31 / 33 / 36 / 38) cm de ruban en velours et le coudre autour de l'encol. à pts cachés.

Coudre les boutons.

2 Débardeur

TAILLES
2 ans (4 ans / 6 ans / 8 ans / 10 ans)

FOURNITURES
Qualité Partner 3,5 de Phildar (50 % polyamide, 25 % laine peignée et 25 % acrylique) : 2 (3 / 3 / 3 / 4) pelotes coloris Naval • Aiguilles n° 3 et n° 3,5 • Aiguille à torsade • Crochet n° 3

POINTS EMPLOYÉS
Côtes 2/2
Jersey
Point fantaisie : voir diagramme et légende
Diminution à 12 mailles des bords :
À droite : 12 m. de pt fantaisie, 2 m. ens.
À gauche : tric. ttes les m. sauf 14, faire 1 surjet simple (glisser 1 m. à l'end., tric. les 2 m. suivantes à l'end., passer la m. glissée sur la m. obtenue.), tric. les 2 m. de pt fantaisie

ÉCHANTILLONS
Ils sont indispensables à la réalisation d'un tricot aux bonnes dimensions.
10 cm de jersey, aig. n° 3,5 = 23 m. et 30 rgs
Les 24 m. du pt fantaisie, aig. n° 3,5 = 6,5 cm

RÉALISATION
Dos
Monter 62 (70 / 78 / 82 / 90) m., aig. n° 3, tric. en côtes 2/2 en commençant et en terminant le 1er rg et ts les rgs impairs (end. du trav.) par 2 m. end. pendant 5 cm.
Continuer en jersey, aig. n° 3,5, en faisant 2 (2 / 0 / 0 / 0) augm. sur le 1er rg. On a 64 (72 / 78 / 82 / 90) m.
À 13 (15 / 17 /19 / 22) cm de haut. après les côtes, former les emmanch. en rab. de ch. côté ts les 2 rgs :
2 ans : 1 x 4 m., 1 x 3 m., 1 x 2 m. et 2 x 1 m.
4 ans : 1 x 4 m., 1 x 3 m., 1 x 2 m. et 3 x 1 m.
6 ans : 1 x 4 m., 1 x 3 m., 2 x 2 m. et 2 x 1 m.
8 ans : 1 x 4 m., 1 x 3 m., 1 x 2 m. et 3 x 1 m.
10 ans : 1 x 4 m., 2 x 3 m., 1 x 2 m. et 2 x 1 m.
Il reste 42 (48 / 52 / 58 / 62) m.
À 25 (29 / 33 / 36 / 40) cm de haut. après les côtes, former les épaules en rab. de ch. côté ts les 2 rgs :
2 ans : 4 x 2 m.
4 ans : 3 x 2 m. et 1 x 3 m.
6 ans : 2 x 2 m. et 2 x 3 m.
8 ans : 4 x 3 m.
10 ans : 2 x 3 m. et 2 x 4 m.
En même temps, former l'encol. en rab. les 8 (12 / 14 / 16 / 16) m. centr. puis continuer un côté à la fs en rab. côté encol. ts les 2 rgs : 1 x 5 m. et 1 x 4 m. Terminer le second côté de l'encol.

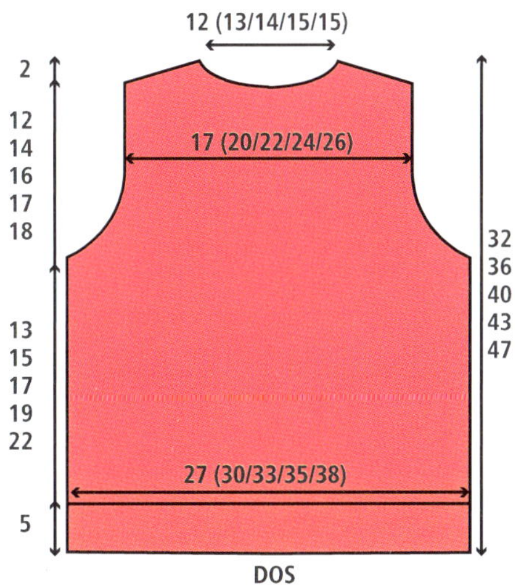

Débardeur (suite)

Devant

Monter 62 (70 / 78 / 82 / 90) m., aig. n° 3, tric. en côtes 2/2 en commençant et en terminant le 1er rg et ts les rgs impairs (end. du trav.) par 2 m. end. pendant 5 cm.

Continuer en jersey et en pt fantaisie, aig. n° 3,5 en répartissant 14 (14 / 12 / 12 / 12) augm. sur le 1er rg et en plaçant les m. de la façon suivante : 26 (30 / 33 / 35 / 39) m. de jersey, les 24 m. du diagramme et 26 (30 / 33 / 35 / 39) m. de jersey.

On obtient 76 (84 / 90 / 94 / 102) m.

À 13 (15 / 17 /19 / 22) cm de haut. après les côtes, former les emmanch. en rab. de ch. côté ts les 2 rgs :

2 ans : 1 x 4 m., 1 x 3 m., 1 x 2 m. et 2 x 1 m.
4 ans : 1 x 4 m., 1 x 3 m., 1 x 2 m. et 3 x 1 m.
6 ans : 1 x 4 m., 1 x 3 m., 2 x 2 m. et 2 x 1 m.
8 ans : 1 x 4 m., 1 x 3 m., 1 x 2 m. et 3 x 1 m.
10 ans : 1 x 4 m., 2 x 3 m., 1 x 2 m. et 2 x 1 m.

Il reste 54 (60 / 64 / 70 / 74) m.

À 15 (19 / 22 / 25 / 29) cm de haut. après les côtes, former l'encol. de la façon suivante :

séparer le trav. en deux et continuer un côté à la fs (en continuant de faire les croisements pour la torsade) en faisant côté encol. à 12 m. du bord :

2 ans : ts les 2 rgs : *1 x 1 dim. double, 7 x 1 dim. simple*, répéter de * à * 2 fs au tot. et terminer par 1 x 1 dim. simple
4 ans : ts les 2 rgs : *1 x 1 dim. double, 4 x 1 dim. simple*, répéter de * à * 3 fs au tot. et terminer par 1 x 1 dim. double et 1 x 1 dim. simple
6 ans : ts les 2 rgs : *1 x 1 dim. double, 7 x 1 dim. simple*, répéter de * à * 2 fs au tot. et terminer par 1 x 1 dim. double et 2 x 1 dim. simple
8 et 10 ans : ts les 2 rgs : *1 x 1 dim. double, 4 x 1 dim. simple*, répéter de * à * 3 fs au tot. et terminer par 1 x 1 dim. double et 3 x 1 dim. simple

À 25 (29 / 33 / 36 / 40) cm de haut. après les côtes, former l'épaule en rab. côté emmanch. ts les 2 rgs :

2 ans : 4 x 2 m.
4 ans : 3 x 2 m. et 1 x 3 m.
6 ans : 2 x 2 m. et 2 x 3 m.
8 ans : 4 x 3 m.
10 ans : 2 x 3 m. et 2 x 4 m.

Terminer le second côté de l'encol.

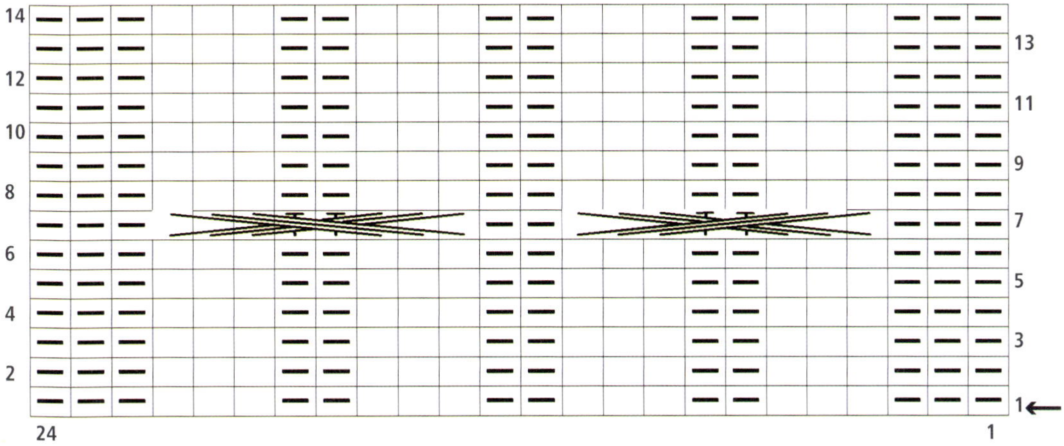

m. end. sur l'end. ou m. env. sur l'env.

– m. env. sur l'end. ou m. end. sur l'env.

8 m. croisées vers la gauche : 3 m. end., 2 m. env., 3 m. end. : glisser 3 m. sur une aig. à torsade placée devant, tric. les 3 m. suivantes à l'end., 2 m. env. puis tric. à l'end. les 3 m. de l'aig. à torsade

8 m. croisées vers la droite : 3 m. end., 2 m. env., 3 m. end. : glisser 5 m. sur une aig. à torsade placée derrière, tric. les 3 m. suivantes à l'end., puis les m. de l'aig. à torsade de la façon suivante : 2 m. env. et 3 m. end.

Bande d'emmanchure

Monter 54 (66 / 74 / 82 / 90) m., aig. n° 3, tric. en côtes 2/2 en commençant et en terminant le 1er rg et ts les rgs impairs (end. du trav.) par 2 m. end. pendant 2 cm puis faire un rg end. sur l'end. et quelques rgs de jersey d'un autre col.

Repasser ces rgs, il suffira de les détricoter au moment du montage pour retrouver le col. de base.

Tric. une seconde bande semblable.

ASSEMBLAGE ET FINITIONS

Faire les coutures des épaules.

Coudre les bandes d'emmanch., m. par m. à pts arrière sur l'end. du trav.

Faire les coutures des côtés.

Avec le crochet n° 3, faire 1 rg de m. serrées (piquer le crochet dans une m., ramener une boucle, 1 jeté, tirer le fil à travers les 2 boucles se trouvant sur le crochet) autour de l'encol. dos.

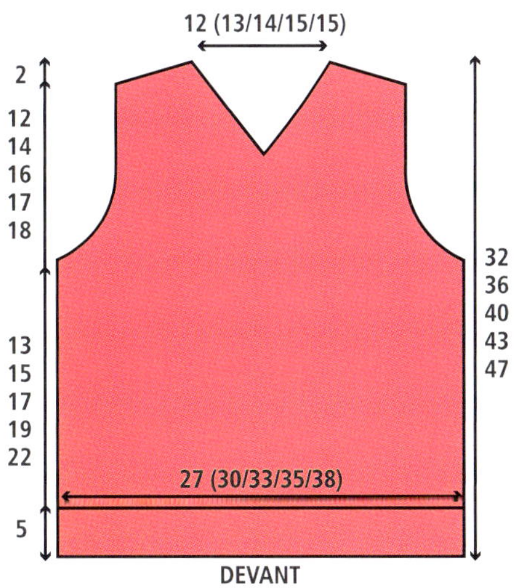

Robe

Tricotée en jersey rayé et côtes 1/1.
Qualité Partner 3,5.

4 Pull

Réalisé en jersey, au point de blé et côtes 2/2. Boutonnage sur les épaules. Qualité Iliade.

3 Robe

TAILLES
4 ans (6 ans / 8/10 ans)

FOURNITURES
Qualité Partner 3,5 de Phildar (50 % polyamide, 25 % laine peignée et 25 % acrylique) : 3 (4 / 5) pelotes coloris Acier ; 2 (2 / 2) pelotes coloris Marine • Aiguilles n° 2,5 et n° 3

POINTS EMPLOYÉS
Côtes 1/1
Jersey rayé : *4 rgs col. Acier, 2 rgs col. Marine*, répéter de * à * soit 21 (23 / 29) fs puis terminer col. Acier

ÉCHANTILLON
Il est indispensable à la réalisation d'un tricot aux bonnes dimensions.
10 cm de jersey rayé, aig. n° 3 = 25 m. et 32 rgs

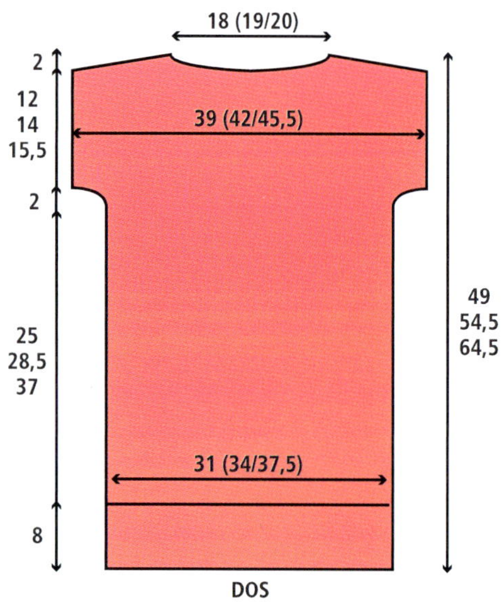

RÉALISATION
Dos
Monter 102 (112 / 124) m., aig. n° 2,5, col. Acier, tric. en côtes 1/1 pendant 8 cm.
Continuer en jersey rayé (voir pts employés), aig. n° 3, en répartissant 24 (26 / 28) dim. sur le 1er rg.
Il reste 78 (86 / 96) m.
À 25 (28,5 / 37) cm de haut. après les côtes, former les emmanch. en augm. de ch. côté ts les 2 rgs : 2 x 3 m. et 1 x 4 m.
On obtient 98 (106 / 116) m.
Continuer droit.
À 39 (44,5 / 54,5) cm de haut. après les côtes, former les épaules en rab. de ch. côté ts les 2 rgs :
4 ans : 1 x 6 m. et 3 x 7 m.
6 ans : 2 x 7 m. et 2 x 8 m.
8/10 ans : 3 x 8 m. et 1 x 9 m.
En même temps, former l'encol. en rab. les 16 (18 / 22) m. centr. puis continuer un côté à la fs en rab. côté encol. ts les 2 rgs : 2 x 7 m.
Terminer le second côté de l'encol.

Devant
Tric. comme au dos jusqu'aux emmanch.
On obtient 98 (106 / 116) m.
Continuer droit.
À 38 (42,5 / 52,5) cm de haut. après les côtes, former l'encol. en rab. les 28 (28 / 30) m. centr. puis terminer un côté à la fs en rab. côté encol. ts les 2 rgs :
4 ans : 1 x 4 m., 1 x 3 m. et 1 x 1 m.
6 ans : 1 x 4 m., 1 x 3 m. et 2 x 1 m.
8/10 ans : 1 x 4 m., 1 x 3 m. et 3 x 1 m.

Entretemps, à 39 (44,5 / 54,5) cm de haut. après les côtes, former l'épaule en rab. côté emmanch. ts les 2 rgs :
4 ans : 1 x 6 m. et 3 x 7 m.
6 ans : 2 x 7 m. et 2 x 8 m.
8/10 ans : 3 x 8 m. et 1 x 9 m.
Terminer le second côté de l'encol.

Bandes d'emmanchures
Monter 78 (92 / 100) m., aig. n° 2,5, col. Acier, tric. en côtes 1/1 pendant 2 cm puis faire un rg end. sur l'end. et quelques rgs de jersey d'un autre col.
Repasser ces rgs, il suffira de les détricoter au moment du montage pour retrouver le col. de base.
Tric. une seconde bande semblable.

Bande d'encolure
Monter 116 (124 / 130) m., aig. n° 2,5, col. Acier, tric. en côtes 1/1 pendant 1,5 cm puis faire un rg end. sur l'end. et quelques rgs de jersey d'un autre coloris.
Repasser ces rgs, il suffira de les détricoter au moment du montage pour retrouver le coloris de base.

ASSEMBLAGE ET FINITIONS
Faire les coutures des épaules.
Coudre les bandes d'emmanch., m. par m., à pts arrière sur l'end. du trav. Faire les coutures des côtés.
Coudre la bande d'encol., m. par m., à pts arrière sur l'end. du trav.

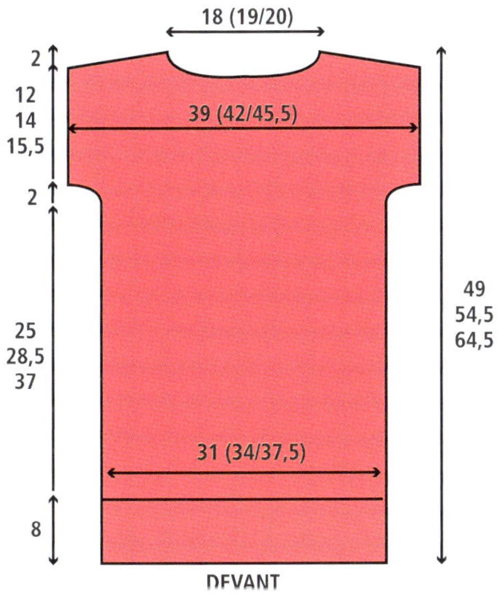

4 Pull

TAILLES
2 ans (4 ans / 6 ans / 8 ans / 10 ans)

FOURNITURES
Qualité Iliade de Phildar (70 % acrylique et 30 % laine) : 5 (6 / 7 / 7 / 8) pelotes coloris Rubis • Aiguilles n° 4,5 et n° 5 • 6 boutons

POINTS EMPLOYÉS
Côtes 2/2
Jersey
Point de blé : côtes 1/1 contrariées ts les 2 rgs

ÉCHANTILLONS
Ils sont indispensables à la réalisation d'un tricot aux bonnes dimensions.
10 cm de jersey, aig. n° 5 = 17 m. et 25 rgs
10 cm de pt de blé, aig. n° 5 = 19 m. et 25 rgs

RÉALISATION
Dos
Monter 58 (62 / 70 / 74 / 78) m., aig. n° 4,5, tric. en côtes 2/2 en commençant et en terminant le 1er rg et ts les rgs impairs (end. du trav.) par 2 m. end. pendant 5 cm.
Continuer en jersey, aig. n° 5 en faisant 2 (2 / 0 / 0 / 2) augm. sur le 1er rg.
On a 60 (64 / 70 / 74 / 80) m.
À 9 (11 / 13 / 15 / 18) cm de haut. après les côtes, tric. 3 rgs de jersey env., 3 rgs de jersey end., 3 rgs de jersey env., 1 rg de jersey end. puis continuer au pt de blé en répartissant 8 augm. sur le 1er rg.
On obtient 68 (72 / 78 / 82 / 88) m.
À 17 (19 / 21 / 23 / 26) cm de haut. après les côtes, marquer les m. lis. d'un fil de couleur pour repérer les emmanch.
À 23 (25 /27 / 29 / 32) cm de haut. après les côtes, tric. 1 rg de jersey end. en répartissant 8 dim. sur le rg, 3 rgs de jersey env., 3 rgs de jersey end., 3 rgs de jersey env., puis tric. en jersey end.
Il reste 60 (64 / 70 / 74 / 80) m.
À 28 (32 / 36 / 39 / 43) cm de haut. après les côtes, former l'encol. en rab. les 10 (12 / 14 / 16 / 16) m. centr. puis continuer un côté à la fs en rab. côté encol. ts les 2 rgs : 2 x 5 m.
À 30 (34 / 38 / 41 / 45) cm de haut. après les côtes, marquer les m. lis. d'un fil de couleur pour repérer les épaules.
À 32 (36 / 40 / 43 / 47) cm de haut. après les côtes, rab. les 15 (16 / 18 / 19 / 22) m. restantes pour l'épaule.
Terminer le second côté de l'encol.

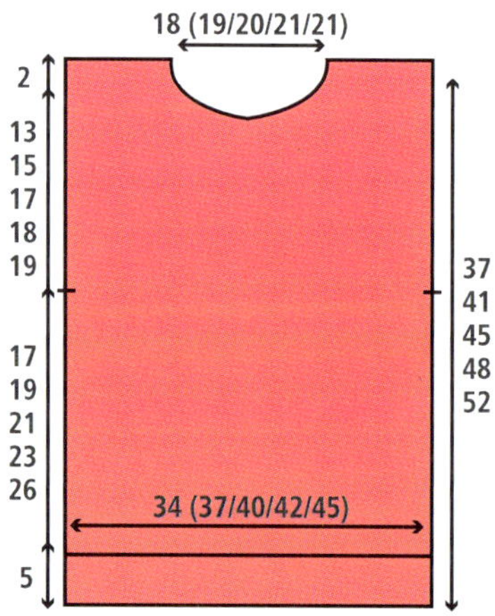

DOS

Devant

Monter 58 (62 / 70 / 74 / 78) m., aig. n° 4,5, tric. en côtes 2/2 en commençant et en terminant le 1er rg et ts les rgs impairs (end. du trav.) par 2 m. end. pendant 5 cm.

Continuer en jersey, aig. n° 5, en faisant 2 (2 / 0 / 0 / 2) augm. sur le 1er rg.

On a 60 (64 / 70 / 74 / 80) m.

À 9 (11 / 13 / 15 / 18) cm de haut. après les côtes, tric. 3 rgs de jersey env., 3 rgs de jersey end., 3 rgs de jersey env., 1 rg de jersey end. puis continuer au pt de blé en répartissant 8 augm. sur le 1er rg.

On obtient 68 (72 / 78 / 82 / 88) m.

À 17 (19 / 21 / 23 / 26) cm de haut. après les côtes, marquer les m. lis. d'un fil de couleur pour repérer les emmanch.

À 23 (25 /27 / 29 / 32) cm de haut. après les côtes, tric. 1 rg de jersey end. en répartissant 8 dim. sur le rg, 3 rgs de jersey env., 3 rgs de jersey end., 3 rgs de jersey env., puis tric. en jersey end.

Il reste 60 (64 / 70 / 74 / 80) m.

À 25 (29 / 32 / 35 / 39) cm de haut. après les côtes, former l'encol. en rab. les 8 (10 / 12 / 14 / 14) m. centr. puis continuer un côté à la fs en rab. côté encol. ts les 2 rgs :

2 et 4 ans : 1 x 4 m., 1 x 3 m., 1 x 2 m. et 2 x 1 m.

6, 8 et 10 ans : 1 x 4 m., 1 x 3 m., 1 x 2 m., 1 x 1 m., 4 rgs plus haut : 1 x 1 m.

À 29 (33 / 37 / 40 / 44) cm de haut. après les côtes, former 2 boutonnières de 2 m., la 1re à 4 (4 / 5 / 5 / 6) m. du bord, la seconde espacée de 4 (5 / 6 / 7 / 8) m.

À 30 (34 / 38 / 41 / 45) cm de haut. après les côtes, rab. les 15 (16 / 18 / 19 / 22) m. restantes pour l'épaule.

Terminer le second côté de l'encol.

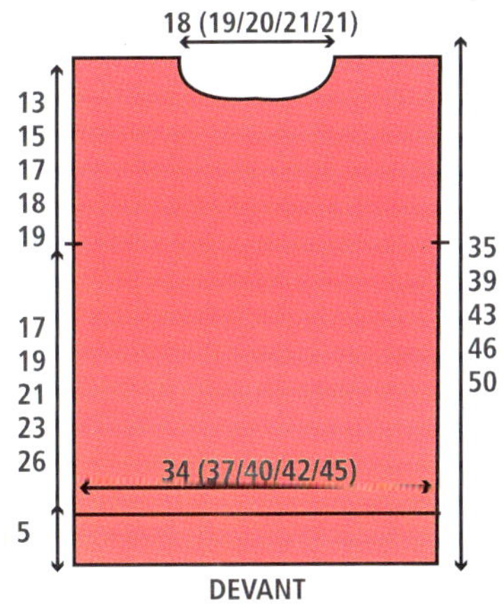

Pull (suite)

Manches

Monter 34 (34 / 38 / 38 / 42) m., aig. n° 4,5, tric. en côtes 2/2 en commençant et en terminant le 1er rg et ts les rgs impairs (end. du trav.) par 2 m. end. pendant 5 cm.

Tric. 6 rgs de jersey end., aig. n° 5, en répartissant 0 (2 / 0 / 2 / 0) augm. sur le 1er rg puis 3 rgs de jersey env., 3 rgs de jersey end., 3 rgs de jersey env., terminer en jersey end.

On a 34 (36 / 38 / 40 / 42) m.

En même temps, faire de ch. côté à 1 m. des bords :

2 ans : ts les 8 rgs : 5 x 1 augm.

4 ans : ts les 8 rgs : 2 x 1 augm. et ts les 6 rgs : 6 x 1 augm.

6 ans : 8 rgs plus haut : 1 x 1 augm. et ts les 6 rgs : 9 x 1 augm.

8 ans : ts les 8 rgs : 3 x 1 augm. et ts les 6 rgs : 8 x 1 augm.

10 ans : ts les 8 rgs : 8 x 1 augm. et ts les 6 rgs : 3 x 1 augm.

À 18,5 (23 / 27,5 / 31,5 / 35) cm de haut. après les côtes, rab. souplement les 44 (52 / 58 / 62 / 64) m.

Tric. la seconde manche semblable.

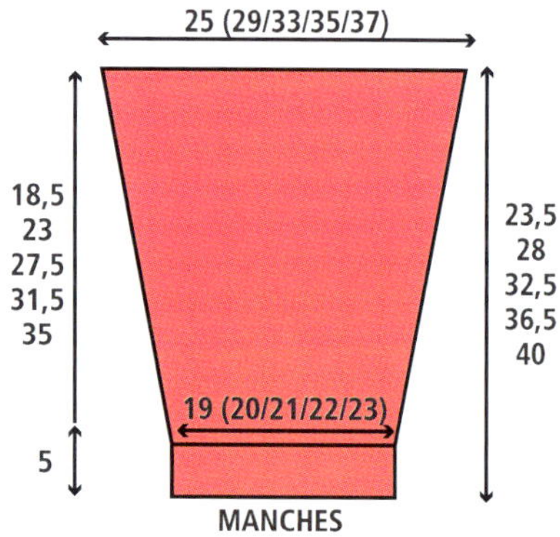

Bandes d'encolure

Se tric. en deux parties.

Pour le dos

Monter 40 (40 / 44 / 48 / 48) m., aig. n° 4,5, tric. en côtes 2/2 en commençant et en terminant le 1er rg et ts les rgs impairs (end. du trav.) par 3 m. end. pendant 3 cm puis faire 1 rg end. sur l'end. et quelques rgs de jersey d'un autre coloris.

Repasser ces rgs, il suffira de les détricoter au moment du montage pour retrouver le coloris de base.

Pour le devant

Monter 52 (52 / 56 / 60 / 60) m., aig. n° 4,5, tric. en côtes 2/2 en commençant et en terminant le 1er rg et ts les rgs impairs (end. du trav.) par 3 m. end.

Former 2 boutonnières de 2 m. sur le 5e rg, à 3 m. des extrémités.

À 3 cm de haut. tot., faire 1 rg end. sur l'end. et quelques rgs de jersey d'un autre coloris.

Repasser ces rgs, il suffira de les détricoter au moment du montage pour retrouver le coloris de base.

ASSEMBLAGE ET FINITIONS

Plier les pattes d'épaules dos vers l'intérieur.

Superposer les pattes d'épaule devant sur les épaules du dos et les maintenir à pts cachés.

Monter les manches aux emmanch. entre les fils de couleur.

Faire les coutures des côtés et des manches.

Coudre les bandes d'encol., m. par m., à pts arrière, sur l'end. du trav.

Coudre les boutons.

5 Écharpe

Jersey rayé tricolore et pompons.
Qualité Iliade.

Écharpe

TAILLES
2/4 ans (6/8/10 ans)

FOURNITURES
Qualité Iliade de Phildar (70 % acrylique et 30 % laine) : 2 (2) pelotes coloris Rubis ; 2 (2) pelotes coloris Noir ; 1 (1) pelote coloris Lin
• Aiguilles n° 4,5

POINT EMPLOYÉ
Jersey rayé :
- *2 rgs col. Rubis, 2 rgs col. Noir*, répéter de * à * 4 (5) fs, soit 16 (20) rgs
- 4 rgs col. Rubis, 4 rgs col. Noir, 4 rgs col. Rubis, 4 rgs col. Noir, 4 rgs col. Lin, 4 rgs col. Rubis, 4 rgs col. Noir, 4 rgs col. Lin, 4 rgs col. Rubis, 4 rgs col. Noir, soit 40 rgs
- 4 (6) rgs col. Rubis, 4 (6) rgs col. Noir, 4 (6) rgs col. Rubis, 4 (6) rgs col. Noir, 4 (6) rgs col. Lin, 4 (6) rgs col. Rubis, 4 (6) rgs col. Noir, 4 (6) rgs col. Lin, 4 (6) rgs col. Rubis, 4 (6) rgs col. Noir, soit 40 (60) rgs
- 8 (10) rgs col. Rubis, 8 (10) rgs col. Noir, 8 (10) rgs col. Lin, 8 (10) rgs col. Noir, 8 (10) rgs col. Rubis, soit 40 (50) rgs
- 4 (6) rgs col. Rubis, 4 (6) rgs col. Noir, 4 (6) rgs col. Rubis, 4 (6) rgs col. Noir, 4 (6) rgs col. Lin, 4 (6) rgs col. Rubis, 4 (6) rgs col. Noir, 4 (6) rgs col. Lin, 4 (6) rgs col. Rubis, 4 (6) rgs col. Noir, soit 40 (60) rgs
- 4 rgs col. Rubis, 4 rgs col. Noir, 4 rgs col. Rubis, 4 rgs col. Noir, 4 rgs col. Lin, 4 rgs col. Rubis, 4 rgs col. Noir, 4 rgs col. Lin, 4 rgs col. Rubis, 4 rgs col. Noir, soit 40 rgs
- *2 rgs col. Rubis, 2 rgs col. Noir*, répéter de * à * 4 (5) fs, soit 16 (20) rgs
- 4 rgs col. Rubis, 4 rgs col. Noir, 4 rgs col. Rubis, 4 rgs col. Noir, 4 rgs col. Lin, 4 rgs col. Rubis, 4 rgs col. Noir, 4 rgs col. Lin, 4 rgs col. Rubis, 4 rgs col. Noir, soit 40 rgs

ÉCHANTILLON
Il est indispensable à la réalisation d'un tricot aux bonnes dimensions.
10 cm de jersey rayé, aig. n° 4,5 = 18 m. et 27 rgs

RÉALISATION
Monter 48 m., col. Rubis, aig. n° 4,5, tric. en jersey rayé (voir pts employés).
À 100 (122) cm, soit 272 (330) rgs de haut. tot., rab. souplement toutes les m.

ASSEMBLAGE ET FINITIONS
Fermer l'écharpe par une couture.
Confectionner 6 pompons d'environ 4 cm de diamètre (soit 2 pompons dans ch. col.).
Fixer les pompons de ch. côté de l'écharpe.

6 Pull

À manches courtes et jabot. En jersey et en côtes 1/1, volant en ruban. Qualité Lambswool.

7 Sac

À torsades, finitions côtes 2/2.
Qualité Sport Laine.

6 Pull

TAILLES
2 ans (4 ans / 6 ans / 8 ans / 10 ans)

FOURNITURES
Qualité Lambswool de Phildar (51 % laine d'agneau et 49 % acrylique) : 3 (3 / 4 / 4 / 5) pelotes coloris Denim ; 1 (1 / 1 / 1 / 2) pelotes coloris Lin • Aiguilles n° 2,5 et n° 3 • 3 boutons • 32 (35 / 37 / 40 / 40) cm de ruban

POINTS EMPLOYÉS
Côtes 1/1
Jersey

ÉCHANTILLON
Il est indispensable à la réalisation d'un tricot aux bonnes dimensions.
10 cm de jersey, aig. n° 3 = 26 m. et 35 rgs

RÉALISATION
Dos
Monter 78 (88 / 94 / 98 / 106) m., aig. n° 2,5, col. Lin, tric. en côtes 1/1 pendant 5 cm.
Continuer en jersey col. Denim, aig. n° 3.
À 10 (12 / 14 / 16 / 19) cm de haut. après les côtes, former les emmanch. en rab. de ch. côté ts les 2 rgs :
2 ans : 1 x 4 m., 1 x 3 m., 1 x 2 m. et 3 x 1 m.
4, 6 et 8 ans : 1 x 4 m., 1 x 3 m., 2 x 2 m. et 2 x 1 m.
10 ans : 1 x 4 m., 1 x 3 m., 2 x 2 m. et 3 x 1 m.
Il reste 54 (62 / 68 / 72 / 78) m.
À 22 (26 / 30 / 33 / 37) cm de haut. après les côtes, former les épaules en rab. de ch. côté ts les 2 rgs :
2 ans : 2 x 2 m. et 3 x 3 m.
4 ans : 5 x 3 m.
6 ans : 3 x 3 m. et 2 x 4 m.
8 ans : 2 x 3 m. et 3 x 4 m.
10 ans : 4 x 4 m. et 1 x 5 m.
En même temps, former l'encol. en rab. les 6 (10 / 12 / 14 / 14) m. centr. puis continuer un côté à la fs en rab. côté séparation ts les 2 rgs : 2 x 4 m. et 1 x 3 m.
Terminer le second côté de l'encol.

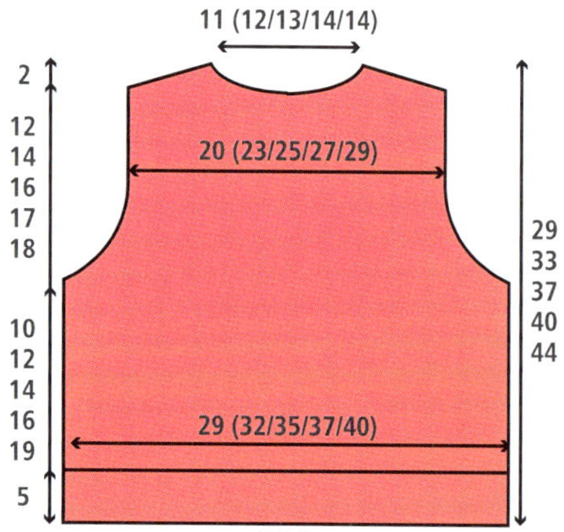

DOS

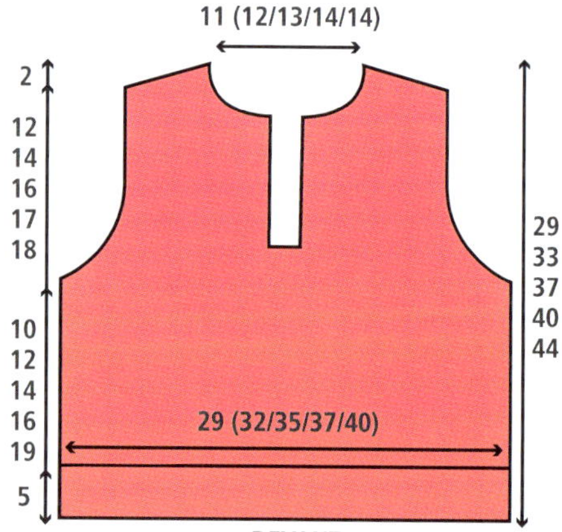

DEVANT

Devant

Monter 78 (88 / 94 / 98 / 106) m., aig. n° 2,5, col. Lin, tric. en côtes 1/1 pendant 5 cm.

Continuer en jersey col. Denim, aig. n° 3.

À 9 (13 / 16 / 19 / 23) cm de haut. après les côtes, former une ouverture en rab. les 6 m. centr. puis continuer un côté à la fs.

Entretemps, à 10 (12 / 14 / 16 / 19) cm de haut. après les côtes, former les emmanch. en rab. de ch. côté ts les 2 rgs :

2 ans : 1 x 4 m., 1 x 3 m., 1 x 2 m. et 3 x 1 m.

4, 6 et 8 ans : 1 x 4 m., 1 x 3 m., 2 x 2 m. et 2 x 1 m.

10 ans : 1 x 4 m., 1 x 3 m., 2 x 2 m. et 3 x 1 m.

À 18 (22 / 25 / 28 / 32) cm de haut. après les côtes, former l'encol. en rab. côté ouverture ts les 2 rgs :

2 ans : 1 x 3 m., 1 x 2 m., 3 x 1 m., ts les 4 rgs : 3 x 1 m.

4 ans : 1 x 3 m., 2 x 2 m., 4 x 1 m., ts les 4 rgs : 2 x 1 m.

6 ans : 2 x 3 m., 1 x 2 m., 2 x 1 m., ts les 4 rgs : 4 x 1 m.

8 et 10 ans : 1 x 4 m., 1 x 3 m., 1 x 2 m., 2 x 1 m., ts les 4 rgs : 4 x 1 m.

À 22 (26 / 30 / 33 / 37) cm de haut. après les côtes, former l'épaule en rab. côté emmanch. ts les 2 rgs :

2 ans : 2 x 2 m. et 3 x 3 m.

4 ans : 5 x 3 m.

6 ans : 3 x 3 m. et 2 x 4 m.

8 ans : 2 x 3 m. et 3 x 4 m.

10 ans : 4 x 4 m. et 1 x 5 m.

Terminer le second côté de l'encol.

Pull (suite)

Manches

Monter 54 (60 / 64 / 70 / 74) m., aig. n° 2,5, col. Lin, tric. en côtes 1/1 pendant 4 cm.

Continuer en jersey col. Denim, aig. n° 3.

À 6 cm de haut. après les côtes, former l'arrondi en rab. de ch. côté ts les 2 rgs :

2 ans : 1 x 2 m., ts les 4 rgs : 2 x 1 m., 6 rgs plus haut : 1 x 1 m., ts les 4 rgs : 2 x 1 m. et 1 x 2 m.

4 ans : 1 x 2 m., ts les 6 rgs : 4 x 1 m. et 1 x 2 m.

6 ans : 1 x 2 m., 6 rgs plus haut : 1 x 1 m., ts les 8 rgs : 2 x 1 m. et ts les 6 rgs : 1 x 1 m. et 1 x 2 m.

8 ans : 1 x 2 m., 6 rgs plus haut : 1 x 1 m., ts les 8 rgs : 3 x 1 m., 6 rgs plus haut : 1 x 2 m.

10 ans : 1 x 2 m., ts les 8 rgs : 5 x 1 m.

À 14 (15 / 16 / 17 / 18) cm de haut. après les côtes, rab. les 36 (44 / 48 / 54 / 60) m. restantes.

Tric. la seconde manche semblable.

Bande d'encolure

Monter 101 (105 / 109 / 113 / 113) m., aig. n° 2,5, col. Lin, tric. en côtes 1/1 en commençant et en terminant le 1er rg et ts les rgs impairs (end. du trav.) par 2 m. end. pendant 2 cm, puis faire 1 rg end. sur l'end. et quelques rgs de jersey d'un autre coloris. Repasser ces rgs, il suffira de les détricoter au moment du montage pour retrouver le coloris de base.

Bandes de boutonnage

Monter 29 m., aig. n° 2,5, col. Lin, tric. en côtes 1/1 en commençant et en terminant le 1er rg et ts les rgs impairs (end. du trav.) par 2 m. end. pendant 2 cm puis faire 1 rg end. sur l'end. et quelques rgs de jersey d'un autre col. Repasser ces rgs, il suffira de les détricoter au moment du montage pour retrouver le col. de base.

Tric. une seconde bande en répartissant 3 boutonnières de 2 m. sur le 5e rg, la 1re à 3 m. du bord droit, les suivantes espacées de 8 m.

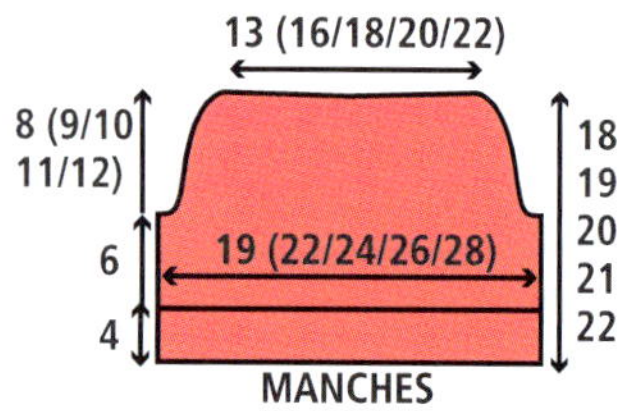

MANCHES

ASSEMBLAGE ET FINITIONS

Faire les coutures des épaules, des côtés et des manches.

Passer un fil de fronce dans le haut des têtes de manches et les maintenir à 6 cm. Monter celles-ci aux emmanch. Coudre la bande d'encol., m. par m., à pts arrière sur l'end. du trav. Coudre les bandes de boutonnage le long de l'ouverture devant et de la bande d'encol., m. par m. à pts arrière sur l'end. du trav. Coudre le ruban autour de l'encol. et des bandes de boutonnages au fil à coudre, à pts cachés. Coudre les boutons.

7 Sac

DIMENSIONS
32 cm de large sur 28 cm de haut.

FOURNITURES
Qualité Sport laine de Phildar (51 % laine peignée et 49 % acrylique) : 2 pelotes coloris Grège • Aiguilles n° 5 • Aiguille à torsade

POINTS EMPLOYÉS
Côtes 2/2
Point fantaisie : voir diagramme et légendes

ÉCHANTILLONS
Ils sont indispensables à la réalisation d'un tricot aux bonnes dimensions.
Les 15 m. du diagramme, aig. n° 5 = 7 cm
10 cm de pt fantaisie, aig. n° 5 = 22 rgs

RÉALISATION
Monter 67 m., aig. n° 5, tric. en pt fantaisie en commençant à la 1re m. du diagramme.
À 15 cm de haut. tot., tric. en côtes 2/2 en faisant 1 dim. sur le 1er rg, en commençant et en terminant le 1er rg et ts les rgs impairs (end. du trav.) par 2 m. end. pendant 14 cm puis rab. souplement les m. en côtes.

ASSEMBLAGE ET FINITIONS
Faire les coutures du sac en inversant la couture du côté sur 8 cm dans le bord côtes pour le revers.
Confectionner une cordelière de 2 x 3 brins d'environ 90 cm (longueur terminée). La fixer de ch. côté du sac.
Confectionner une autre cordelière, de 2 x 2 brins, d'environ 100 cm (longueur terminée). La passer dans les m. sous le bord côtes.

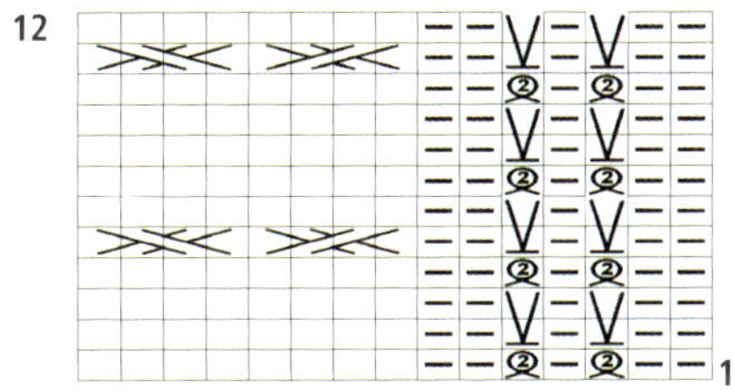

15 mailles

V **m. end. sur l'end. ou m. env. sur l'env.**
– **m. env. sur l'end. ou m. endr. sur l'env.**
② **m. longue : piquer l'aig. droite dans la m. de l'aig. gauche comme pour la tric. à l'end., enrouler le fil 2 fs autour de l'aig. pour tric. la m. end.**

m. glissée (fil devant la m. ou fil derrière la m.)

4 m. croisées vers la gauche : glisser 2 m. sur une aig. à torsade placée devant, tric. les 2 m. suivantes à l'end. puis les 2 m. de l'aig. à torsade

4 m. croisées vers la droite : glisser 2 m. sur une aig. à torsade placée derrière, tric. les 2 m. suivantes à l'end. puis les 2 m. de l'aig. à torsade

8 Manteau

Réalisé en torsades et au point d'astrakan. Qualité Partner 6.

9 Pull

Jeu de côtes 1/1 et côtes rayées, avec grand col croisé. Qualité Chrono Phil.

8 Manteau

TAILLES
4 ans (6 ans / 8 ans / 10 ans)

FOURNITURES
Qualité Partner 6 de Phildar (50 % polyamide, 25 % laine peignée et 25 % acrylique) : 11 (13 / 16 / 20) pelotes coloris Bengale (ancien nom Pétunia) • Aiguilles n° 5 et n° 5,5 • 2 aiguilles à torsade • 7 boutons

POINTS EMPLOYÉS
Côtes 2/2
Jersey envers
Point fantaisie : voir diagrammes et légendes
Point d'astrakan :
1er rg (end. du trav.) : tout à l'env.
2e rg : 1 m. lis.,*faire 3 m. dans la m. suivante en la tric. à l'end. puis à l'env. et encore à l'end., 3 m. ens. à l'env.*, répéter de * à * et terminer par 1 m. lis.
3e et 5e rg : tout à l'env.
4e rg : 1 m. lis.,*3 m. ens. à l'env., faire 3 m. dans la m. suivante en la tric. à l'end. puis à l'env. et encore à l'end.*, répéter de * à * et terminer par 1 m. lis.
Répéter tjs du 2e au 5e rg

ÉCHANTILLONS
Ils sont indispensables à la réalisation d'un tricot aux bonnes dimensions.
Les 56 m. du panneau central dos (voir diagramme), aig. n° 5,5 = 24,5 cm.
10 cm de pt d'astrakan, aig. n° 5,5 = 20 m.
10 cm dans les différents pts, aig. n° 5,5 = 22 rgs

RÉALISATION
Dos
Monter 78 (86 / 90 / 102), aig. n° 5, tric. en côtes 2/2 en commençant et en terminant le 1er rg et ts les rgs impairs (end. du trav.) par 2 m. env. (2 m. env / 2 m. end. / 2 m. env.) pendant 3 cm.
Continuer en pt fantaisie, aig. n° 5,5, en répartissant 0 (0 / 2 / 0) augm. sur le 1er rg et en plaçant les m. de la façon suivante :
11 (15 / 18 / 23) m. de pt d'astrakan (voir pts employés) en commençant par 1 m. lis. et en terminant par 2 (2 / 1 / 2) m. env., les 56 m. du panneau central (voir diagramme) et 11 (15 / 18 / 23) m. de pt d'astrakan (voir pts employés) en commençant par 2 (2 / 1 / 2) m. env. et en terminant par 1 m. lis. On a 78 (86 / 92 / 102) m.
À 30,5 (34 / 40 / 48) cm de haut. après les côtes, former les emmanch. en rab. de ch. côté ts les 2 rgs :
4 ans : 1 x 4 m., 1 x 3 m., 2 x 2 m. et 1 x 1 m.
6 ans : 1 x 4 m., 1 x 3 m., 2 x 2 m. et 3 x 1 m.
8 ans : 1 x 4 m., 1 x 3 m., 3 x 2 m. et 2 x 1 m.
10 ans : 1 x 4 m., 1 x 3 m., 3 x 2 m. et 2 x 1 m.
Il reste 54 (58 / 62 / 72) m.
À 45,5 (51 / 58 / 68) cm de haut. après les côtes, former les épaules en rab. de ch. côté ts les 2 rgs :
4 ans : 1 x 5 m. et 2 x 6 m.
6 ans : 3 x 6 m.
8 ans : 2 x 6 m. et 1 x 7 m.
10 ans : 1 x 7 m. et 2 x 8 m.
En même temps, former l'encol. en rab. les 8 (8 / 10 / 10) m. centr. puis continuer un côté à la fs en rab. côté encol. 2 rgs plus haut : 1 x 6 m. (1 x 7 m. / 1 x 7 m. / 1 x 8 m.).
Terminer le second côté de l'encol.

Demi-devant droit

Monter 37 (41 / 43 / 49), aig. n° 5, tric. en côtes 2/2 en commençant le 1er rg et ts les rgs impairs (end. du trav.) par 3 m. end. et en terminant par 2 m. env. (2 m. env. / 2 m. end. / 2 m. env.) pendant 3 cm.
Continuer en pt fantaisie, aig. n° 5,5 en répartissant 1 (1 / 2 / 1) augm. sur le 1er rg et en plaçant les m. de la façon suivante :
les 27 m. du diagramme et 11 (15 / 18 / 23) m. de pt d'astrakan (voir pts employés) en commençant par 2 (2 / 1 / 2) m. env. et en terminant par 1 m. lis.
On a 38 (42 / 45 / 50) m.
À 30,5 (34 / 40 / 48) cm de haut. après les côtes, former l'emmanch. en rab. à gauche ts les 2 rgs :
4 ans : 1 x 4 m., 1 x 3 m., 2 x 2 m. et 1 x 1 m.
6 ans : 1 x 4 m., 1 x 3 m., 2 x 2 m. et 3 x 1 m.
8 ans : 1 x 4 m., 1 x 3 m., 3 x 2 m. et 2 x 1 m.
10 ans : 1 x 4 m., 1 x 3 m., 3 x 2 m. et 2 x 1 m.
Il reste 26 (28 / 30 / 35) m.
À 42,5 (47 / 54 / 63) cm de haut. après les côtes, former l'encol. en rab. à droite ts les 2 rgs :
4 ans : 2 x 3 m., 1 x 2 m. et 1 x 1 m.
6 ans : 1 x 3 m., 2 x 2 m. et 3 x 1 m.
8 ans : 1 x 4 m., 1 x 3 m., 1 x 2 m. et 2 x 1 m.
10 ans : 1 x 4 m., 1 x 3 m., 1 x 2 m. et 3 x 1 m.
À 45,5 (51 / 58 / 68) cm de haut. après les côtes, former l'épaule en rab. côté emmanch. ts les 2 rgs :
4 ans : 1 x 5 m. et 2 x 6 m.
6 ans : 3 x 6 m.
8 ans : 2 x 6 m. et 1 x 7 m.
10 ans : 1 x 7 m. et 2 x 8 m.
Tric. le demi-devant gauche en sens inverse en plaçant les m. de la façon suivante :
11 (15 / 18 / 23) m. de pt d'astrakan (voir pts employés) en commençant par 1 m. lis. et en terminant par 2 (2 / 1 / 2) m. env., les 27 m. du diagramme.

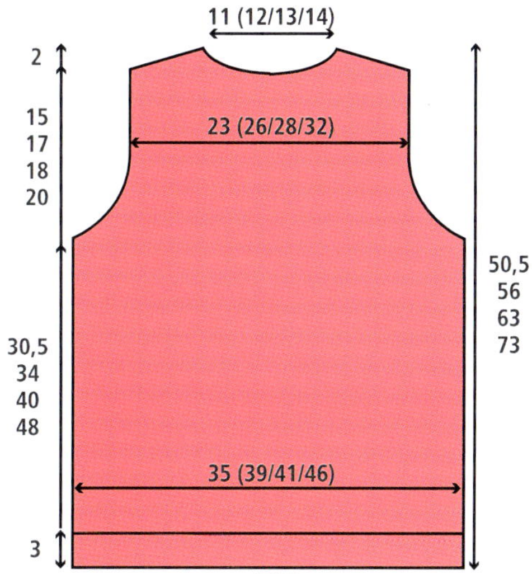

DOS

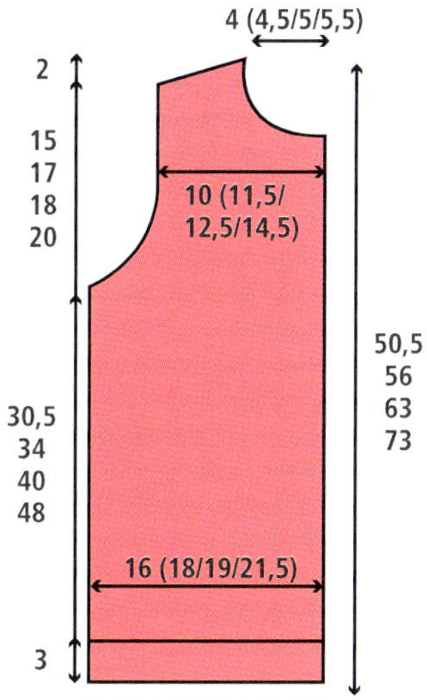

DEMI-DEVANT DROIT

Manches

Monter 46 (50/ 50 / 54) m., aig. n° 5, tric. en côtes 2/2 en commençant et en terminant le 1er rg et ts les rgs impairs (end. du trav.) par 2 m. end. pendant 5 cm.

Continuer au pt fantaisie (voir diagramme), aig. n° 5,5, en faisant 1 augm. (1 dim. / 1 augm. / 1 augm.) sur le 1er rg.

On a 47 (49 / 51 / 55) m.

Placer les m. de la façon suivante :

15 (16 / 17 / 19) m. de pt d'astrakan en commençant par 1 (2 / 0 / 1) m. env. et en terminant par 2 (2 / 1 / 2) m. env., les 17 premières m. du panneau central, 15 (16 / 17 / 19) m. de pt d'astrakan en commençant par 2 (2 / 1 / 2) m. env. et en terminant par 1 (2 / 0 / 1) m. env.

Faire de ch. côté (en reconstituant le pt d'astrakan au fur et à mesure des augm.) :

4 ans : 8 rgs plus haut : 1 x 1 augm. et ts les 10 rgs : 2 x 1 augm.

6 ans : 8 rgs plus haut : 1 x 1 augm. et ts les 10 rgs : 3 x 1 augm.

8 ans : ts les 8 rgs : 3 x 1 augm. et ts les 10 rgs : 2 x 1 augm.

10 ans : ts les 10 rgs : 2 x 1 augm. et ts les 8 rgs : 5 x 1 augm.

On obtient 53 (57 / 61 / 69) m.

À 17,5 (21,5 / 25 / 30,5) cm de haut. après les côtes, former l'arrondi en rab. de ch. côté ts les 2 rgs :

4 ans : 1 x 3 m., 1 x 2 m., 10 x 1 m., 1 x 2 m. et 1 x 3 m.

6 ans : 1 x 3 m., 2 x 2 m., 10 x 1 m., 1 x 2 m. et 1 x 3 m.

8 ans : 1 x 3 m., 2 x 2 m., 10 x 1 m., 2 x 2 m. et 1 x 3 m.

10 ans : 1 x 3 m., 3 x 2 m., 10 x 1 m., 3 x 2 m. et 1 x 3 m.

À 30 (35 / 39,5 / 46,5) cm de haut. après les côtes, rab. les 13 m. restantes.

Tric. la seconde manche semblable.

Col

Monter 64 (72 / 76 / 80) m., aig. n° 5, tric. en côtes 2/2 en commençant et en terminant le 1er rg et ts les rgs impairs (end. du trav.) par 3 m. end. pendant 6 cm puis faire un rg end. sur l'end. et quelques rgs de jersey d'un autre coloris.

Repasser ces rgs, il suffira de les détricoter au moment du montage pour retrouver le coloris de base.

Bandes de boutonnage

Monter 96 (104 / 116 / 132) m., aig. n° 5, tric. en côtes 2/2 en commençant et en terminant le 1er rg et ts les rgs impairs (end. du trav.) par 3 m. end. pendant 3 cm puis faire un rg end. sur l'end. et quelques rgs de jersey d'un autre coloris.

Repasser ces rgs, il suffira de les détricoter au moment du montage pour retrouver le coloris de base.

Tric. une seconde bande semblable en répartissant sur le 5e rg 7 boutonnières de 2 m., la 1re à 3 m. du bord, la 2e boutonnière espacée de 6 m., et les suivantes espacées de 10 (12 / 14 / 17) m. puis terminer comme précédemment.

ASSEMBLAGE ET FINITIONS

Faire les coutures des épaules, des côtés et manches.

Monter celles-ci aux emmanch.

Coudre le col, m. par m., à pts arrière sur l'end. du trav.

Coudre les bandes de boutonnage m. par m., à pts arrière sur l'end. du trav. jusqu'en haut du col.

Coudre les boutons.

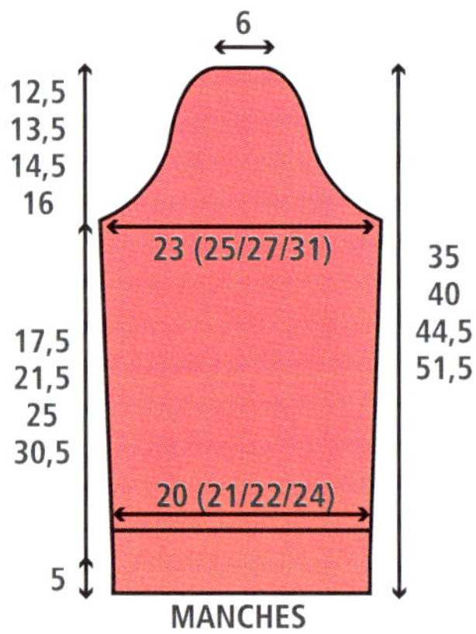

Demi-devant gauche

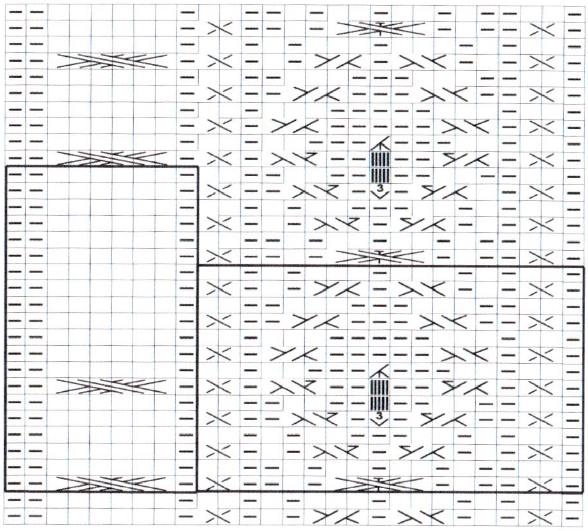

27 m.

Répéter tjs les encadrés

Demi-devant droit

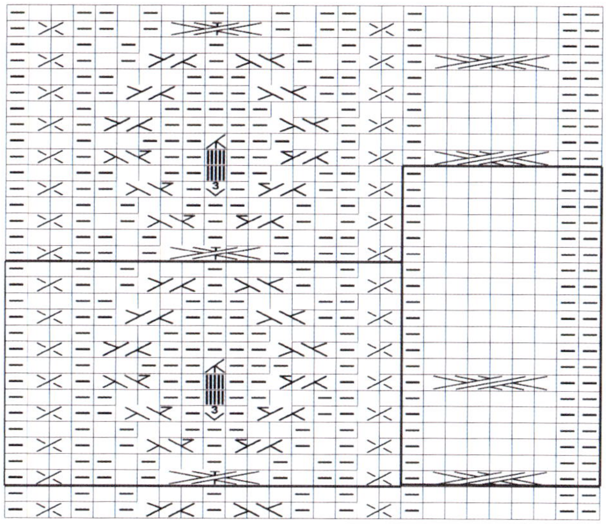

27 m.

Répéter tjs les encadrés

Voir les légendes page suivante

Panneau central Dos

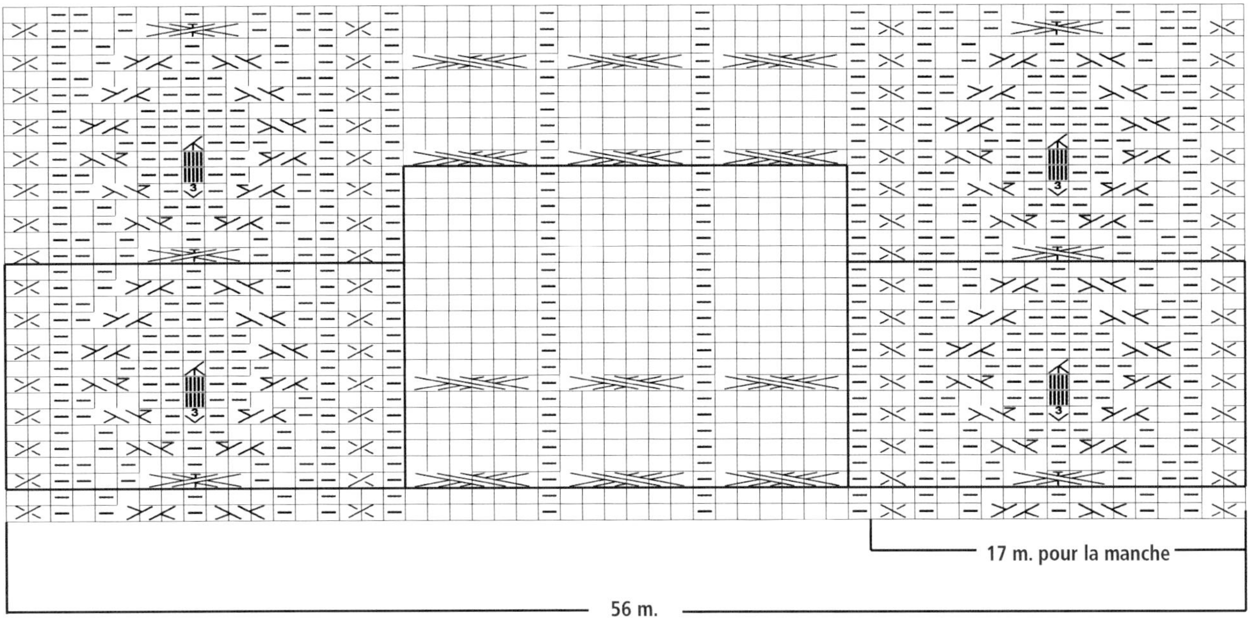

m. end. sur l'end. ou m. env. sur l'env.

– m. env. sur l'end. ou m. end. sur l'env.

3 faire 3 m. dans une m. en la tric. à l'end., à l'env. et à l'end.

3 m. ens. à l'end.

3 m. end. sur l'end. ou 3 m. env. sur l'env.

2 m. croisées vers la gauche à l'end. : glisser 1 m. sur une aig. à torsade placée devant, tric. à l'end. la m. suivante, puis la m. de l'aig. à torsade

2 m. croisées vers la droite à l'end. : glisser 1 m. sur une aig. à torsade placée derrière, tric. à l'end. la m. suivante, puis la m. de l'aig. à torsade

3 m. croisées vers la gauche : glisser 2 m. sur une aig. à torsade placée devant, tric. la m. suivante à l'end. puis les 2 m. de l'aig. à torsade

3 m. croisées vers la droite : glisser 1 m. sur une aig. à torsade placée derrière, tric. la m. suivante à l'end. puis les 2 m. de l'aig. à torsade

3 m. croisées vers la gauche : glisser 2 m. sur une aig. à torsade placée devant, tric. la m. suivante à l'env. puis les 2 m. de l'aig. à torsade à l'end.

3 m. croisées vers la droite : glisser 1 m. sur une aig. à torsade placée derrière, tric. les 2 m. suivantes à l'end. puis à l'env. la m. de l'aig. à torsade

6 m. croisées vers la gauche : glisser 3 m. sur une aig. à torsade placée devant, tric. les 3 m. suivantes à l'end. puis les 3 m. de l'aig. à torsade

6 m. croisées vers la droite : glisser 3 m. sur une aig. à torsade placée derrière, tric. les 3 m. suivantes à l'end. puis les 3 m. de l'aig. à torsade

5 m. croisées vers la gauche : glisser 2 m. sur une aig. à torsade placée devant, glisser la m. suivante sur une 2e aig. à torsade placée derrière, tric. à l'end. les 2 m. suivantes, à l'env. la m. de la 2e aig. à torsade et à l'end. les 2 m. de la 1re aig. à torsade

5 m. croisées vers la droite : glisser 3 m. sur une aig. à torsade placée derrière, tric. à l'end. les 2 m. suivantes, remettre la 3e m. de l'aig. à torsade sur l'aig. gauche, la tric. à l'env. en passant par derrière les 2 m. de l'aig. à torsade, puis tric. à l'end. les 2 m. de l'aig. à torsade

9 Pull

TAILLES
2 ans (4 ans / 6 ans / 8 ans / 10 ans)

FOURNITURES
Qualité Chrono Phil de Phildar (55 % coton et 45 % acrylique) : 4 (5 / 6 / 6 / 7) pelotes coloris Lin ; 6 (7 / 8 / 9 / 11) pelotes coloris Pétrole • Aiguilles n° 7

POINTS EMPLOYÉS
Côtes 1/1
Côtes 1/1 rayées : °2 rgs de côtes 1/1 col. Pétrole, 2 rgs de côtes 1/1 bicolores (soit sur l'end. du trav. : *1 m. end. col. Lin, 1 m. env. col. Pétrole*, répéter de * à *)°
Répéter de ° à ° (soit 4 rgs)

ÉCHANTILLON
Il est indispensable à la réalisation d'un tricot aux bonnes dimensions.
10 cm de côtes 1/1 rayées, aig. n° 7 = 14 m. et 15 rgs

Pull (suite)

RÉALISATION

Dos

Monter 46 (52 / 56 / 58 / 62) m., col. Lin, aig. n° 7 , tric. en côtes 1/1 pendant 4 cm.

Continuer en côtes 1/1 rayées (voir pts employés).

À 25 (27 / 29 / 31 / 34) cm de haut. tot., marquer les m. lis. d'un fil de couleur pour repérer les emmanch.

À 37 (41 / 45 / 48 / 52) cm de haut. tot., former les épaules en rab. de ch. côté ts les 2 rgs :

2 ans : 1 x 5 m. et 2 x 6 m.

4 ans : 2 x 6 m. et 1 x 7 m.

6 ans : 1 x 6 m. et 2 x 7 m.

8 ans : 1 x 6 m. et 2 x 7 m.

10 ans : 2 x 7 m. et 1 x 8 m.

À 39 (43 / 47 / 50 / 54) cm de haut. tot., rab. les 12 (14 / 16 / 18 / 18) m. restantes.

Devant

Monter 46 (52 / 56 / 58 / 62) m., col. Lin, aig. n° 7 , tric. en côtes 1/1 pendant 4 cm.

Continuer en côtes 1/1 rayées (voir pts employés).

À 25 (27 / 29 / 31 / 34) cm de haut. tot., marquer les m. lis. d'un fil de couleur pour repérer les emmanch.

En même temps, former l'encol. en rab. les 12 (14 / 16 / 18 / 18) m. centr. puis continuer un côté à la fs.

À 37 (41 / 45 / 48 / 52) cm de haut. tot., former les épaules en rab. de ch. côté ts les 2 rgs :

2 ans : 1 x 5 m. et 2 x 6 m.

4 ans : 2 x 6 m. et 1 x 7 m.

6 et 8 ans : 1 x 6 m. et 2 x 7 m.

10 ans : 2 x 7 m. et 1 x 8 m.

Terminer le second côté de l'encol.

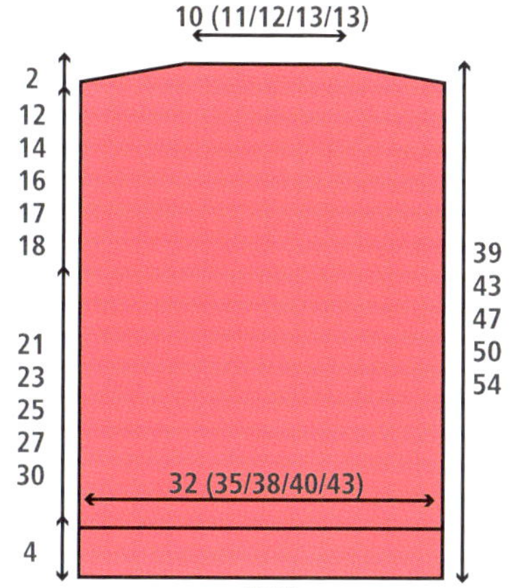

DOS

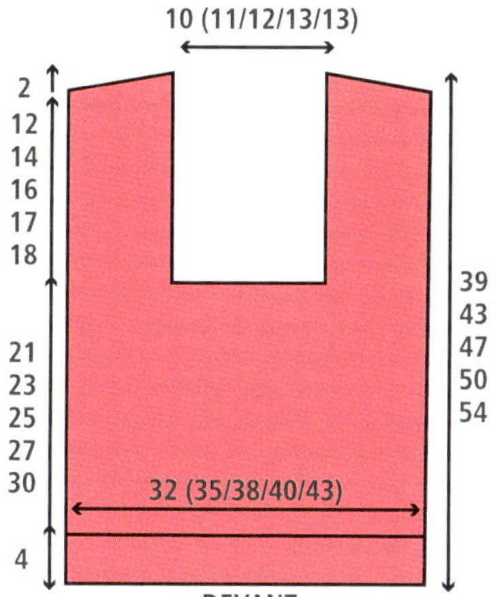

DEVANT

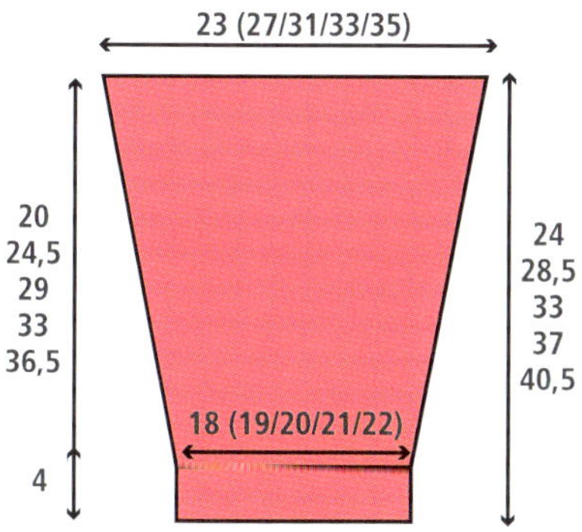

MANCHES

Manches

Monter 26 (28 / 30 / 32 / 34) m., col. Lin, aig. n° 7, tric. en côtes 1/1 pendant 4 cm.

Continuer en côtes 1/1 rayées en faisant de ch. côté (reconstituer la côte 1/1 au fur et à mesure des augm.) :

2 ans : ts les 6 rgs : 4 x 1 augm.

4 ans : ts les 6 rgs : 4 x 1 augm. et ts les 4 rgs : 2 x 1 augm.

6 ans : ts les 6 rgs : 4 x 1 augm. et ts les 4 rgs : 4 x 1 augm.

8 ans : ts les 6 rgs : 7 x 1 augm. et 4 rgs plus haut : 1 x 1 augm.

10 ans : ts les 6 rgs : 7 x 1 augm. et ts les 4 rgs : 2 x 1 augm.

On obtient 34 (40 / 46 / 48 / 52) m.

À 24 (28,5 / 33 / 37 / 40,5) cm de haut. tot., rab. souplement les m.

Tric. la seconde manche semblable.

Col

Monter 53 (61 / 69 / 73 / 77) m., col. Lin, aig. n° 7, tric. en côtes 1/1 en commençant et en terminant le 1er rg et ts les rgs impairs (end. du trav.) par 2 m. end. pendant 10 (11 / 12 / 13 / 13) cm puis faire un rg env. sur l'env. et quelques rgs de jersey d'un autre coloris.

Repasser ces rgs, il suffira de les détricoter au moment du montage pour retrouver le coloris de base.

ASSEMBLAGE ET FINITIONS

Faire les coutures des épaules.

Monter les manches aux emmanch. entre les fils de couleurs.

Faire les coutures des côtés et des manches.

Coudre le col, m. par m., à pts arrière sur l'end. du trav. en faisant chevaucher les extrémités du col sur la partie droite de l'encol. devant.

10 Pull

Pull jacquard, en jersey uni et rayé, finitions côtes 1/1. Qualité Lambswool.

11 Pull

Encolure V avec patte de boutonnage, tricoté en jersey rayé, finitions côtes 1/1. Qualité Iliade.

10 Pull

TAILLES
2 ans (4 ans / 6 ans / 8 ans / 10 ans)

FOURNITURES
Qualité Lambswool de Phildar (51 % laine d'agneau et 49 % acrylique) : 3 (4 / 4 / 5 / 5) pelotes coloris Mercure ; 1 (1 / 1 / 1 / 1) pelote coloris Céleste ; 1 (2 / 2 / 2 / 2) pelotes coloris Lagon • Aiguilles n° 2,5 et n° 3

POINTS EMPLOYÉS
Côtes 1/1

Jersey

Jersey rayé : 3 rgs coloris Lagon, 3 rgs coloris Céleste, 8 rgs col. Mercure, 3 rgs coloris Lagon, 3 rgs coloris Céleste, soit 20 rgs au tot.

Jacquard : voir diagramme et légendes

ÉCHANTILLONS
Ils sont indispensables à la réalisation d'un tricot aux bonnes dimensions.

10 cm de jersey, aig. n° 3 = 26 m. et 35 rgs

10 cm de jacquard, aig. n° 3 = 26 m. et 35 rgs

RÉALISATION
Dos

Monter 90 (98 / 106 / 112 / 120) m., aig. n° 2,5, col. Lagon, tric. en côtes 1/1 pendant 5 cm.

Continuer en jersey col. Mercure, aig. n° 3.

À 1,5 cm de haut. après les côtes, continuer en jersey rayé (voir pts employés).

Les 20 rgs de la rayure terminés, tric. en jersey col. Mercure.

À 17 (19 / 21 / 23 / 26) de haut. après les côtes, former les emmanch. en rab. de ch. côté ts les 2 rgs : 1 x 3 m., 2 x 2 m. et 2 x 1 m.

Il reste 72 (80 / 88 / 94 / 102) m.

À 30 (34 / 38 / 41 / 45) cm de haut. après les côtes, former les épaules en rab. de ch. côté ts les 2 rgs :

2 ans : 2 x 4 m. et 2 x 5 m.

4 ans : 4 x 5 m.

6 ans : 1 x 5 m. et 3 x 6 m.

8 ans : 3 x 6 m. et 1 x 7 m.

10 ans : 3 x 7 m. et 1 x 8 m.

En même temps, former l'encol. en rab. les 12 (16 / 18 / 20 / 20) m. centr. puis continuer un côté à la fs en rab. côté séparation ts les 2 rgs : 2 x 6 m.

Terminer le second côté de l'encol.

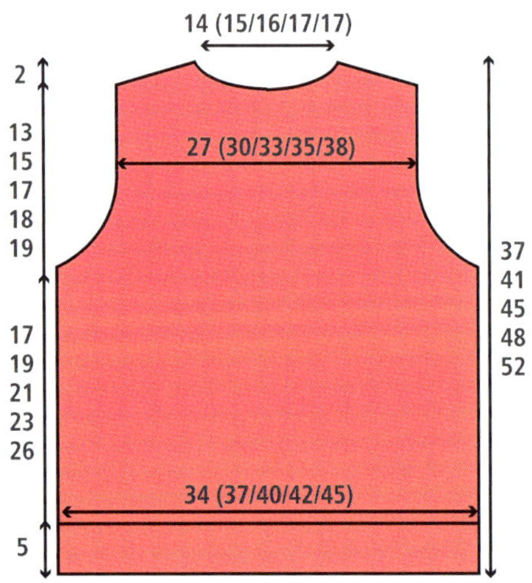

DOS

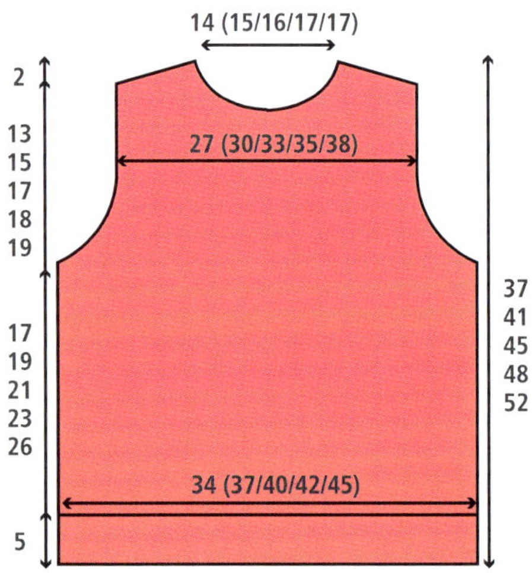

DEVANT

Devant

Monter 90 (98 / 106 / 112 / 120) m., aig. n° 2,5, col. Lagon, tric. en côtes 1/1 pendant 5 cm.

Continuer en jersey col. Mercure, aig. n° 3.

À 1,5 cm de haut. après les côtes, continuer en jersey rayé (voir pts employés).

Les 20 rgs de la rayure terminés, tric. en jersey col. Mercure.

À 10 (12 / 14 / 16 / 19) cm de haut. après les côtes, tric. en jacquard en plaçant les 54 m. du diagramme au milieu du trav.

À 17 (19 / 21 / 23 / 26) de haut. après les côtes, former les emmanch. en rab. de ch. côté ts les 2 rgs : 1 x 3 m., 2 x 2 m. et 2 x 1 m.

Il reste 72 (80 / 88 / 94 / 102) m.

Les 47 rgs du diagramme terminés, continuer en jersey col. Mercure.

À 27 (31 / 34 / 37 / 41) cm de haut. après les côtes, former l'encol. en rab. les 10 (14 / 16 / 18 / 18) m. centr. puis continuer un côté à la fs en rab. côté encol. ts les 2 rgs :

2 et 4 ans : 1 x 4 m., 1 x 3 m., 2 x 2 m., 1 x 1 m., 4 rgs plus haut : 1 x 1 m.

6, 8 et 10 ans : 1 x 4 m., 1 x 3 m., 1 x 2 m., 2 x 1 m., ts les 4 rgs : 2 x 1 m.

À 30 (34 / 38 / 41 / 45) cm de haut. après les côtes, former l'épaule en rab. côté emmanch. ts les 2 rgs :

2 ans : 2 x 4 m. et 2 x 5 m.

4 ans : 4 x 5 m.

6 ans : 1 x 5 m. et 3 x 6 m.

8 ans : 3 x 6 m. et 1 x 7 m.

10 ans : 3 x 7 m. et 1 x 8 m.

Terminer le second côté de l'encol.

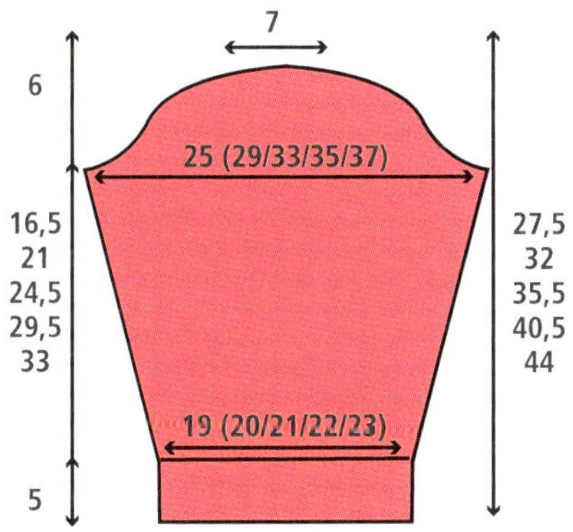

MANCHES

Diagramme couronne

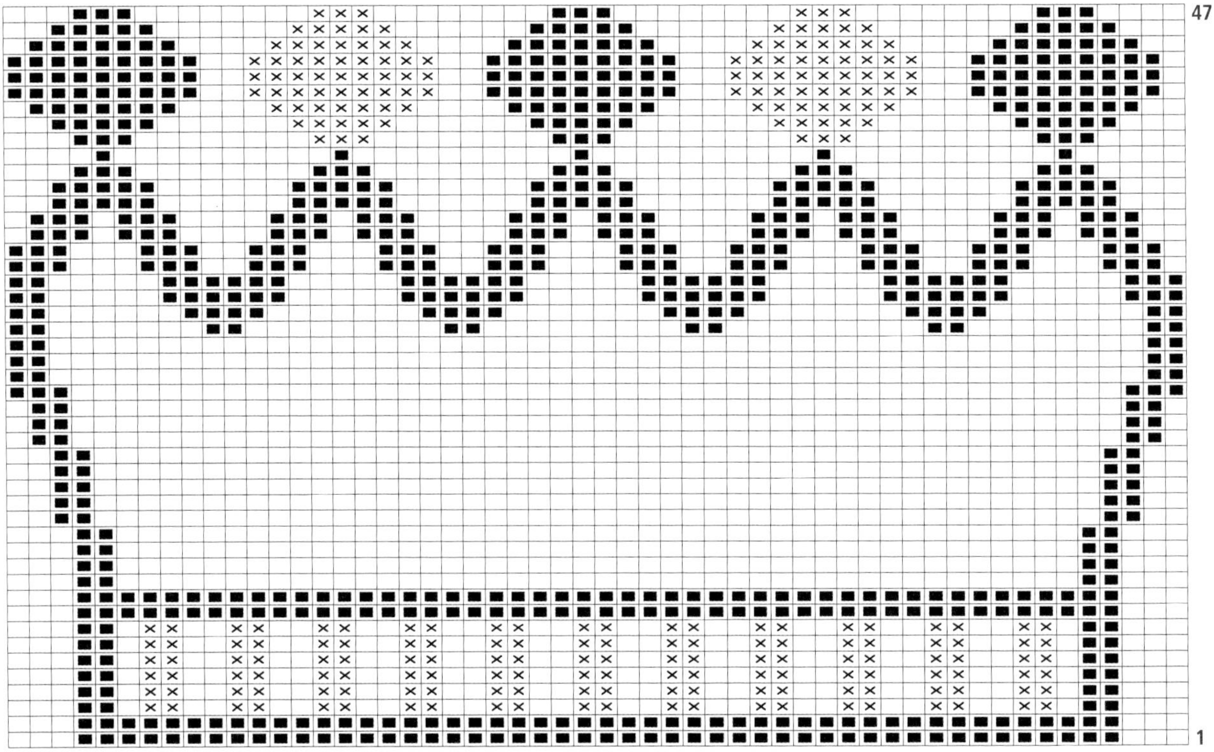

54 mailles

col. Mercure ■ col. Lagon × col. Céleste

Manches

Monter 52 (54 / 56 / 60 / 62) m., aig. n° 2,5, col. Lagon, tric. en côtes 1/1 pendant 5 cm.

Continuer en jersey col. Mercure, aig. n° 3, en faisant de ch. côté à 1 m. des bords :

2 ans : ts les 8 rgs : 2 x 1 augm. et ts les 6 rgs : 6 x 1 augm.

4 ans : ts les 6 rgs : 11 x 1 augm. et 4 rgs plus haut : 1 x 1 augm.

6 ans : ts les 6 rgs : 9 x 1 augm. et ts les 4 rgs : 7 x 1 augm.

8 ans : ts les 6 rgs : 16 x 1 augm. et 4 rgs plus haut : 1 x 1 augm.

10 ans : 8 rgs plus haut : 1 x 1 augm. et ts les 6 rgs : 17 x 1 augm.

On obtient 68 (78 / 88 / 94 / 98) m.

Entretemps, à 12 (16,5 / 20 / 25 / 28,5) cm de haut. après les côtes, tric. en jersey rayé (voir pts employés).

Les 20 rgs de la rayure terminés, tric. en jersey col. Mercure.

À 16,5 (21 / 24,5 / 29,5 / 33) cm de haut. après les côtes, former l'arrondi en rab. de ch. côté ts les 2 rgs :

2 ans : 2 x 3 m., 3 x 2 m., 2 x 1 m., 2 x 2 m. et 2 x 3 m.

4 ans : 1 x 4 m., 2 x 3 m., 5 x 2 m. et 3 x 3 m.

6 ans : 2 x 4 m., 2 x 3 m., 3 x 2 m., 2 x 3 m. et 2 x 4 m.

8 ans : 1 x 5 m., 2 x 4 m., 1 x 3 m., 3 x 2 m., 2 x 3 m. 1 x 4 m. et 1 x 5 m.

10 ans : 1 x 5 m., 2 x 4 m., 2 x 3 m., 2 x 2 m., 1 x 3 m., 2 x 4 m. et 1 x 5 m.

À 22,5 (27 / 30,5 / 35,5 / 39) cm de haut. après les côtes, rab. les 20 m. restantes.

Tric. la seconde manche semblable.

Bande d'encolure

Monter 112 (116 / 120 / 124 / 124) m., aig. n° 2,5, col. Lagon, tric. en côtes 1/1 pendant 3 cm puis faire 1 rg end. sur l'end. et quelques rgs de jersey d'un autre coloris.

Repasser ces rgs, il suffira de les détricoter au moment du montage pour retrouver le coloris de base.

ASSEMBLAGE ET FINITIONS

Faire les coutures des épaules, des côtés et des manches.

Monter celles-ci aux emmanch.

Coudre la bande d'encol., m. par m., à pts arrière sur l'end. du trav.

11 Pull

TAILLES
2 ans (4 ans / 6 ans / 8 ans / 10 ans)

FOURNITURES
Qualité Iliade de Phildar (70 % acrylique et 30 % laine) : 3 (3 /4 / 4 / 5) pelotes coloris Anthracite ; 2 (3 / 3 / 3 / 4) pelotes coloris Canard • Aiguilles n° 3 et n° 3,5 • Aiguilles à 2 pointes n° 4 (pour éviter de couper le fil à ch. changement de col.) • 5 boutons

POINTS EMPLOYÉS
Côtes 1/1
Jersey env. rayé : *1 rg col. Anthracite, 1 rg col. Canard*, répéter de * à *, soit 2 rgs

ÉCHANTILLON
Il est indispensable à la réalisation d'un tricot aux bonnes dimensions.
10 cm de jersey env. rayé, aig. n° 3,5 = 19 m. et 27 rgs

RÉALISATION

Dos

Monter 58 (62 / 68 / 72 / 78) m., col. Anthracite, aig. n° 3, tric. en côtes 1/1 pendant 5 cm.
Continuer en jersey env. rayé (voir pts employés), aig. n° 3,5.
À 18 (20 / 22 / 24 / 27) cm de haut. après les côtes, former les emmanch. en rab. de ch. côté ts les 2 rgs :
2, 6 et 8 ans : 1 x 3 m., 1 x 2 m. et 1 x 1 m.
4 ans : 2 x 2 m. et 1 x 1 m.
10 ans : 1 x 3 m., 2 x 2 m. et 1 x 1 m.
Il reste 46 (52 / 56 / 60 / 62) m.
À 33 (37 / 41 / 44 / 48) cm de haut. après les côtes, former les épaules en rab. de ch. côté ts les 2 rgs :
2 ans : 1 x 2 m. et 3 x 3 m.
4 ans : 3 x 3 m. et 1 x 4 m.
6 ans : 2 x 3 m. et 2 x 4 m.
8 ans : 1 x 3 m. et 3 x 4 m.
10 ans : 4 x 4 m.
En même temps, former l'encol. en rab. les 8 (10 / 12 / 14 / 14) m. centr. puis continuer un côté à la fs en rab. côté encol. ts les 2 rgs : 2 x 4 m.
Terminer le second côté de l'encol.

Devant

Monter 58 (62 / 68 / 72 / 78) m., col. Anthracite, aig. n° 3, tric. en côtes 1/1 pendant 5 cm. Continuer en jersey env. rayé (voir pts employés), aig. n° 3,5.
À 15 (19 / 22 / 25 / 29) cm de haut. après les côtes, former une ouverture en rab. les 4 m. centr. puis continuer un côté à la fs.
À 18 (20 / 22 / 24 / 27) cm de haut. après les côtes, former les emmanch. en rab. de ch. côté ts les 2 rgs :
2, 6 et 8 ans : 1 x 3 m., 1 x 2 m. et 1 x 1 m.
4 ans : 2 x 2 m. et 1 x 1 m.
10 ans : 1 x 3 m., 2 x 2 m. et 1 x 1 m.
À 22 (26 / 29 / 32 / 36) cm de haut. après les côtes, former l'encol. en rab. côté ouverture 1 x 1 m. puis ts les 2 rgs :
2 ans : ts les 2 rgs : 2 x 1 m., ts les 4 rgs : 7 x 1 m.
4 ans : ts les 2 rgs : 4 x 1 m., ts les 4 rgs : 6 x 1 m.
6 ans : ts les 2 rgs : 5 x 1 m., ts les 4 rgs : 6 x 1 m.
8 et 10 ans : ts les 2 rgs : 7 x 1 m., ts les 4 rgs : 5 x 1 m.
À 33 (37 / 41 / 44 / 48) cm de haut. après les côtes, former l'épaule en rab. côté emmanch. ts les 2 rgs :
2 ans : 1 x 2 m. et 3 x 3 m.
4 ans : 3 x 3 m. et 1 x 4 m.
6 ans : 2 x 3 m. et 2 x 4 m.
8 ans : 1 x 3 m. et 3 x 4 m.
10 ans : 4 x 4 m.
Terminer le second côté de l'encol.

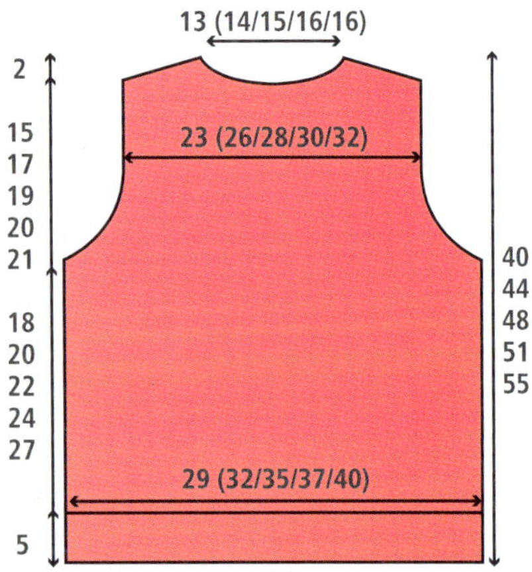

DOS

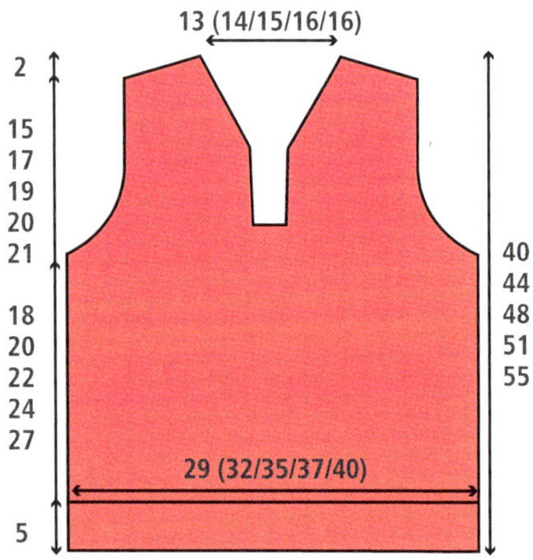

DEVANT

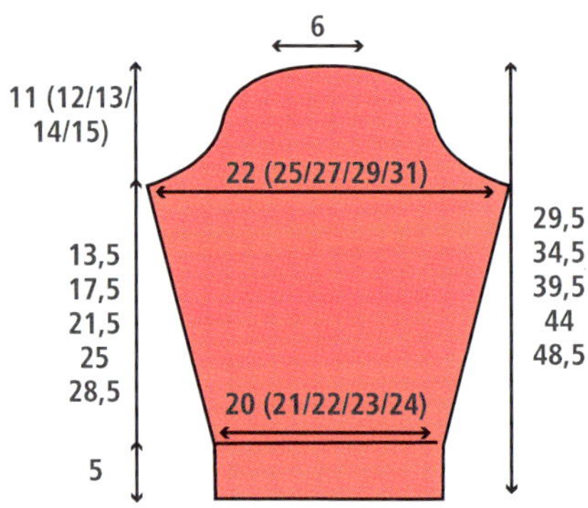

MANCHES

Manches

Monter 40 (42 / 44 / 46 / 50) m, col. Anthracite, aig. n° 3, tric. en côtes 1/1 pendant 5 cm.

Continuer en jersey env. rayé (voir pts employés), aig. n° 3,5, en faisant de ch. côté à 1 m. des bords :

2 ans : ts les 12 rgs : 2 x 1 augm.

4 ans : ts les 10 rgs : 4 x 1 augm.

6 ans : ts les 10 rgs : 5 x 1 augm.

8 ans : ts les 10 rgs : 6 x 1 augm.

10 ans : ts les 14 rgs : 2 x 1 augm. et ts les 12 rgs : 3 x 1 augm.

On obtient 44 (50 / 54 / 58 / 60) m.

À 13,5 (17,5 / 21,5 / 25 / 28,5) cm de haut. après les côtes, former l'arrondi en rab. de ch. côté ts les 2 rgs :

2 ans : 1 x 2 m., 5 x 1 m., ts les 4 rgs : 2 x 1 m., ts les 2 rgs : 4 x 1 m. et 1 x 2 m.

4 ans : 2 x 2 m., 4 x 1 m., ts les 4 rgs : 2 x 1 m., ts les 2 rgs : 4 x 1 m. et 2 x 2 m.

6 ans : 2 x 2 m., 5 x 1 m., ts les 4 rgs : 2 x 1 m., ts les 2 rgs : 5 x 1 m. et 2 x 2 m.

8 ans : 2 x 2 m., 7 x 1 m., 4 rgs plus haut : 1 x 1 m., ts les 2 rgs : 6 x 1 m. et 2 x 2 m.

10 ans : 3 x 2 m., 4 x 1 m., ts les 4 rgs : 3 x 1 m., ts les 2 rgs : 4 x 1 m. et 3 x 2 m.

À 24,5 (29,5 / 34,5 / 39 / 43,5) cm de haut. après les côtes, rab. les 14 m. restantes.

Tric. la seconde manche semblable.

Bande d'encolure

Monter 7 m., col. Anthracite, aig. n° 3, tric. en côtes 1/1 en commençant et en terminant le 1er rg et ts les rgs impairs (end. du trav.) par 2 m. end.

À 1,5 cm de haut. tot., former une boutonnière de 3 rgs à 4 m. du bord.

Former 3 boutonnières au tot. en les espaçant de 1,5 cm.

À 55 (56 / 59 / 60 / 60) cm de haut. tot., rab. les m.

ASSEMBLAGE ET FINITIONS

Faire les coutures des épaules, des côtés et des manches. Monter celles-ci aux emmanch. Coudre la bande d'encol., en superposant les extrémités sur la partie droite de l'ouverture devant. Coudre les boutons, 3 boutons le long de l'ouverture devant et 2 boutons en fantaisie sur la pente de l'encol. devant (voir photo).

12

Robe tunique

Jeu de rayures bicolores en jersey, avec lien à la taille. Qualité Partner 3,5.

13 Bonnet

En jersey uni et côtes 1/1, agrémenté de liens et de pompons. Qualité Partner 3,5.

12 Robe tunique

TAILLES

2 ans (4 ans / 6 ans / 8 ans / 10 ans)

FOURNITURES

Qualité Partner 3,5 de Phildar (50 % polyamide, 25 % laine peignée et 25 % acrylique) : 2 (3 / 4 / 4 / 5) pelotes coloris Bengale ; 2 (3 / 4 / 4 / 5) pelotes coloris Pensée • Aiguilles n° 3 et n° 3,5

POINTS EMPLOYÉS

Côtes 1/1

Jersey rayé dos et devant :

2 rgs col. Bengale, 2 rgs col. Pensée, répéter de * à * 3 (5 / 7 / 10 / 12) fs au tot., soit 12 (20 / 28 / 40 / 48) rgs

°6 rgs col. Bengale, 6 rgs col. Pensée°, répéter de ° à ° 2 fs au tot., soit 24 rgs

14 (16 / 16 / 18 / 18) rgs col. Bengale

8 rgs col. Pensée, 8 rgs col. Bengale, répéter de ** à ** 3 fs au tot., soit 48 rgs, et terminer col. Bengale

Jersey rayé manches :

2 rgs col. Bengale, 2 rgs col. Pensée, répéter de * à * 3 (3 / 6 / 8 / 10) fs au tot., soit 12 (12 / 24 / 32 / 40) rgs

°6 rgs col. Bengale, 6 rgs col. Pensée°, répéter de ° à ° 3 fs au tot., soit 36 rgs

8 rgs col. Bengale, 8 rgs col. Pensée, répéter de ** à **, soit 16 rgs

ÉCHANTILLON

Il est indispensable à la réalisation d'un tricot aux bonnes dimensions.
10 cm de jersey rayé, aig. n° 3,5 = 23 m. et 30 rgs

RÉALISATION

Dos

Monter 72 (78 / 84 / 90 / 96) m., col. Pensée, aig. n° 2,5, tric. en côtes 1/1 pendant 5 cm puis faire un rg env. sur l'env.

Continuer en jersey rayé (voir pts employés), aig. n° 3, en faisant de ch. côté à 1 m. des bords :

2 ans : ts les 6 rgs : 5 x 1 dim. et 4 rgs plus haut : 1 x 1 dim.
4 ans : ts les 8 rgs : 2 x 1 dim. et ts les 6 rgs : 4 x 1 dim.
6 ans : ts les 8 rgs : 5 x 1 dim. et 6 rgs plus haut : 1 x 1 dim.
8 ans : ts les 10 rgs : 4 x 1 dim. et ts les 8 rgs : 2 x 1 dim.
10 ans : 12 rgs plus haut : 1 x 1 dim. et ts les 10 rgs : 5 x 1 dim.
Il reste 60 (66 / 72 / 78 / 84) m.

À 12,5 (15,5 / 17 / 21 / 24) cm de haut. après les côtes, tric. droit.

À 17,5 (24,5 / 28 / 34 / 39,5) cm de haut. après les côtes (on a tric. : **2 ans :** 14 rgs col. Bengale et 2 rgs col. Pensée / **4 ans :** 8 rgs col. Pensée et 6 rgs col. Bengale / **6 ans :** 8 rgs col. Pensée et 8 rgs col. Bengale / **8 ans :** 4 rgs col. Pensée / **10 ans :** 8 rgs col. Pensée et 2 rgs col. Bengale), former les emmanch. en rab. de ch. côté ts les 2 rgs :

2, 4 et 6 ans : 1 x 3 m., 1 x 2 m. et 1 x 1 m.
8 ans : 1 x 3 m., 1 x 2 m. et 2 x 1 m.
10 ans : 1 x 3 m., 2 x 2 m. et 1 x 1 m.
Il reste 48 (54 / 60 / 64 / 68) m.

À 27,5 (36,5 / 42 / 49 / 55,5) cm de haut. après les côtes, former les épaules en rab. de ch. côté ts les 2 rgs :

2 ans : 2 x 2 m. et 2 x 3 m.
4 ans : 4 x 3 m.
6 ans : 2 x 3 m. et 2 x 4 m.
8 ans : 1 x 3 m. et 3 x 4 m.
10 ans : 3 x 4 m. et 1 x 5 m.

En même temps, former l'encol. en rab. les 8 (10 / 12 / 14 / 14) m. centr. puis continuer un côté à la fs en rab. côté encol. ts les 2 rgs : 2 x 5 m.
Terminer le second côté de l'encol.

Devant
Tric. comme au dos jusqu'aux emmanch.
Il reste 48 (54 / 60 / 64 / 68) m.
À 25,5 (34,5 / 39 / 46 / 52,5) cm de haut. après les côtes, former l'encol. en rab. les 6 (8 / 10 / 12 / 12) m. centr. puis continuer un côté à la fs en rab. côté encol. ts les 2 rgs :
2 et 4 ans : 1 x 4 m., 1 x 3 m., 1 x 2 m. et 2 x 1 m.
6, 8 et 10 ans : 1 x 4 m., 1 x 3 m., 1 x 2 m., 1 x 1 m., 4 rgs plus haut : 1 x 1 m.
À 27,5 (36,5 / 42 / 49 / 55,5) cm de haut. après les côtes, former l'épaule en rab. côté emmanch. ts les 2 rgs :
2 ans : 2 x 2 m. et 2 x 3 m.
4 ans : 4 x 3 m.
6 ans : 2 x 3 m. et 2 x 4 m.
8 ans : 1 x 3 m. et 3 x 4 m.
10 ans : 3 x 4 m. et 1 x 5 m.
Terminer le second côté de l'encol.

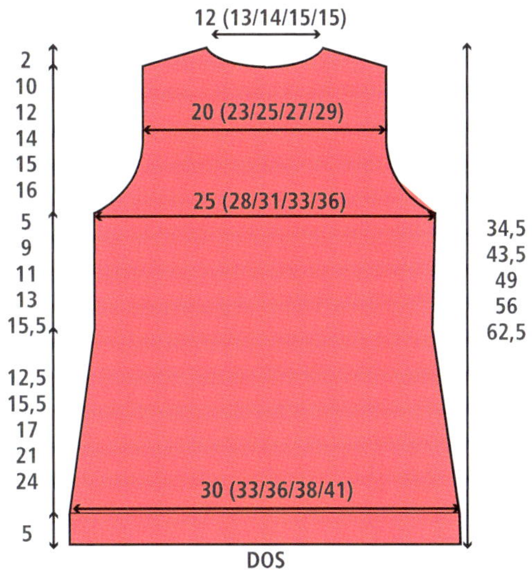

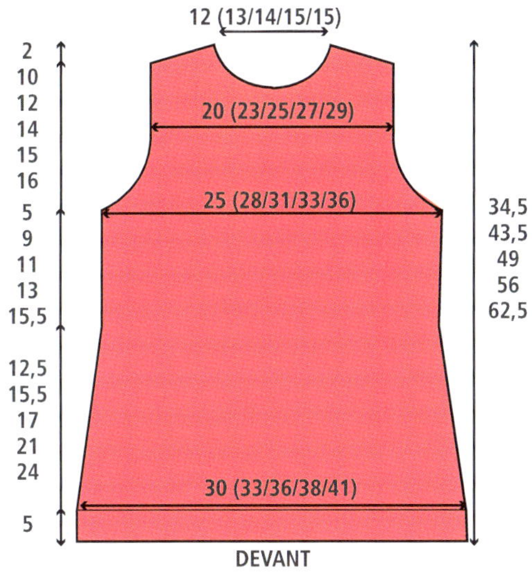

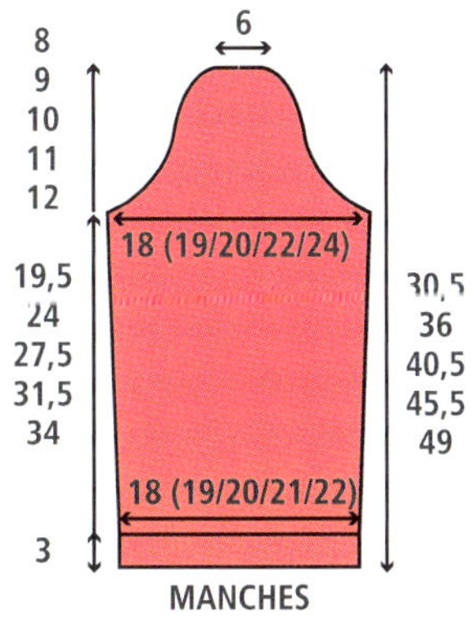

Robe tunique (suite)

Manches

Monter 44 (46 / 48 / 50 / 52) m., col. Pensée, aig. n° 2,5, tric. en côtes 1/1 pendant 3 cm puis faire un rg env. sur l'env.

Continuer en jersey rayé (voir pts employés), aig. n° 3.

2, 4 et 6 ans : tric. droit

8 ans : augm. de ch. côté : 48 rgs plus haut : 1 x 1 augm.

10 ans : augm. de ch. côté : ts les 26 rgs : 3 x 1 augm.

On obtient 44 (46 / 48 / 52 / 58) m.

À 19,5 (24 / 27,5 / 31,5 / 34) cm de haut. après les côtes, former l'arrondi en rab. de ch. côté ts les 2 rgs (on a tricoté : **4 ans :** 8 rgs col. Pensée et 6 rgs col. Bengale / **6 ans :** 8 rgs col. Pensée et 8 rgs col. Bengale / **8 ans :** 4 rgs col. Pensée / **10 ans :** 8 rgs col. Pensée et 2 rgs col. Bengale) :

2 ans : 2 x 2 m., 3 x 1 m., 4 rgs plus haut : 1 x 1 m., ts les 2 rgs : 3 x 1 m. et 2 x 2 m.

4 ans : 2 x 2 m., 3 x 1 m., ts les 4 rgs : 2 x 1 m., ts les 2 rgs : 3 x 1 m. et 2 x 2 m.

6 ans : 2 x 2 m., 4 x 1 m., ts les 4 rgs : 2 x 1 m., ts les 2 rgs : 3 x 1 m. et 2 x 2 m.

8 ans : 2 x 2 m., 5 x 1 m., ts les 4 rgs : 2 x 1 m., ts les 2 rgs : 4 x 1 m. et 2 x 2 m.

10 ans : 3 x 2 m., 5 x 1 m., 4 rgs plus haut : 1 x 1 m., ts les 2 rgs : 6 x 1 m. et 2 x 2 m.

À 27,5 (33 / 37,5 / 42,5 / 46) cm de haut. après les côtes, rab. les 14 m. restantes.

Tric. la seconde manche semblable.

Bande d'encolure

Monter 78 (82 / 86 / 90 / 90) m., col. Pensée, tric. en côtes 1/1 pendant 3 cm puis faire un rg end. sur l'end. et quelques rgs de jersey d'un autre coloris.

Repasser ces rgs, il suffira de les détricoter au moment du montage pour retrouver le coloris de base.

Lien

Confectionner une bande de tricotin d'environ 90 cm, col. Bengale.

ASSEMBLAGE ET FINITIONS

Faire les coutures des épaules, des côtés et des manches. Monter celles-ci aux emmanch. Coudre la bande d'encol., m. par m. à pts arrière sur l'end. du trav. Passer le lien entre les m. au milieu de la rayure de 14 (16 / 16 / 18 / 18) rgs col. Bengale et faire un nœud.

13 Bonnet

TAILLES
2/4 ans (6/8 ans / 10 ans)

FOURNITURES
Qualité Partner 3,5 de Phildar (50 % polyamide, 25 % laine peignée et 25 % acrylique) : 2 (2 / 2) pelotes coloris Bengale • Aiguilles n° 3 et n° 3,5

POINTS EMPLOYÉS
Côtes 1/1
Jersey

ÉCHANTILLON
Il est indispensable à la réalisation d'un tricot aux bonnes dimensions.
10 cm de jersey, aig. n° 3,5 = 23 m. et 30 rgs

RÉALISATION
Se commence par les oreilles.
Monter 5 m., aig. n° 3,5, tric. en jersey en augm. de ch. côté ts les 2 rgs : 1 x 2 m. et 8 x 1 m.
On obtient 25 m.
Laisser les m. en attente.
Tric. une seconde oreille semblable.

Bonnet
Monter 12 (13 / 14) m., aig. n° 3,5, reprendre les 25 m. de la 1re oreille, monter 34 (35 / 37) m., reprendre les 25 m. de la seconde oreille et monter 12 (13 / 14) m.
On obtient 108 (111 / 115) m.
Tric. en jersey.
À 10 (11 / 12) cm de haut. de bonnet, répartir 12 dim. de la façon suivante :
2/4 ans : 7 m. end., 1 surjet simple, *2 m. ens. à l'end., 14 m. end., 1 surjet simple*, répéter de * à * 5 fs au tot., 2 m. ens. à l'end. et 7 m. end.
6/8 ans : 8 m. end., 1 surjet simple, *2 m. ens. à l'end., 14 m. end., 1 surjet simple*, répéter de * à * 5 fs au tot., 2 m. ens. à l'end. et 9 m. end.
10 ans : 8 m. end., 1 surjet simple, *2 m. ens. à l'end., 15 m. end., 1 surjet simple*, répéter de * à * 5 fs au tot., 2 m. ens. à l'end. et 8 m. end.
Il reste 96 (99 / 103) m.
Répéter ces dim. les unes au-dessus des autres ts les 2 rgs : 7 fs.
Il reste 12 (15 / 19) m.
2 rgs plus haut :
1 m. end., tric. les m. 2 par 2.
Il reste 6 (8 / 10) m.
2 rgs plus haut : passer le fil dans les m. et serrer.

ASSEMBLAGE ET FINITIONS
Avec les aig. n° 3 , relever 131 (137 / 143) m., autour du bonnet et des oreilles, tric. en côtes 1/1 pendant 2 cm puis rab. souplement.
Fermer le bonnet par une couture
Confectionner 2 bandes de tricotin d'environ 28 cm.
Confectionner 4 pompons d'environ 5 cm de diamètre.
Fixer un pompon de ch. côté de la bande de tricotin.
Plier la bande de tricotin en deux et la fixer en bas et au milieu de l'oreille.
Faire le même trav. de l'autre côté.

14 Pull

Jersey, frise jacquard et côtes 2/2.
Qualité Partner 3,5.

15 Veste kimono

Réalisée en jersey, fermée par trois boutons. Qualité Chrono Phil.

14 Pull

TAILLES
2 ans (4 ans / 6 ans / 8 ans / 10 ans)

FOURNITURES
Qualité Partner 3,5 de Phildar (50 % polyamide, 25 % laine peignée et 25 % acrylique) : 4 (4 / 5 / 5 / 6) pelotes coloris Lichen ; 1 (1 / 1 / 1 / 1) pelote coloris Écru (ancien nom Craie) ; 1 (1 / 1 / 1 / 1) pelote coloris Vermillon ; 1 (1 / 1 / 1 / 1) pelote coloris Brume • Aiguilles n° 3 et n° 3,5

POINTS EMPLOYÉS
Côtes 2/2
Jersey
Jacquard : voir diagramme et légendes

ÉCHANTILLONS
Ils sont indispensables à la réalisation d'un tricot aux bonnes dimensions.
10 cm de jersey, aig. n° 3,5 = 23 m. et 30 rgs
10 cm de jacquard, aig. n° 3,5 = 24 m. et 25 rgs

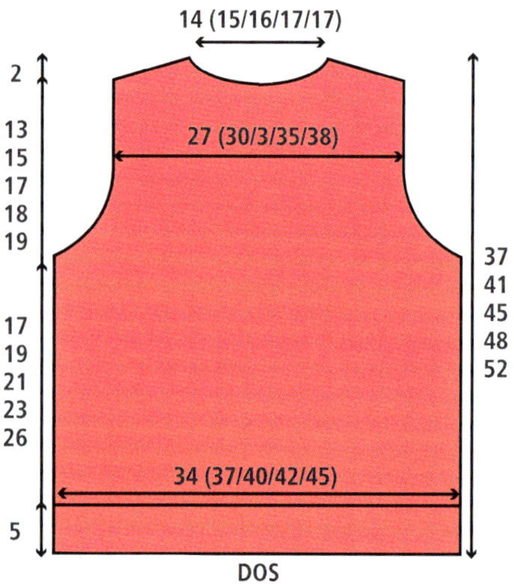

RÉALISATION
Dos
Monter 78 (86 / 94 / 98 / 106) m., aig. n° 3, col. Lichen, tric. en côtes 2/2 en commençant et en terminant le 1er rg et ts les rgs impairs (end. du trav.) par 2 m. end. pendant 5 cm.
Continuer en jersey, aig. n° 3,5, col. Lichen, en faisant 2 (2 / 0 / 0 / 0) augm. sur le 1er rg.
On a 80 (88 / 94 / 98 / 106) m.
À 14 (16 / 18 / 20 / 23) cm de haut. après les côtes, tric. en jacquard en commençant à la 1re m. du diagramme et en répartissant 3 (3 / 5 / 1 / 1) augm. sur le 1er rg.
On a 83 (91 / 99 / 99 /107) m.
À 17 (19 / 21 / 23 / 26) cm de haut. après les côtes, former les emmanch. en rab. de ch. côté ts les 2 rgs :
2 ans : 1 x 3 m., 2 x 2 m. et 1 x 1 m.
4 et 6 ans : 1 x 3 m., 2 x 2 m. et 2 x 1 m.
8 et 10 ans : 1 x 3 m., 1 x 2 m. et 2 x 1 m.
Il reste 67 (73 / 81 / 85 / 93) m.
À 30 (34 / 38 / 41 / 45) cm de haut. après les côtes, former les épaules en rab. de ch. côté ts les 2 rgs :
2 ans : 3 x 4 m. et 1 x 5 m.
4 ans : 2 x 4 m. et 2 x 5 m.
6 ans : 3 x 5 m. et 1 x 6 m.
8 ans : 2 x 5 m. et 2 x 6 m.
10 ans : 2 x 6 m. et 2 x 7 m.
En même temps, former l'encol. en rab. les 9 (13 / 15 / 17 / 17) m. centr. puis continuer un côté à la fs en rab. côté encol. ts les 2 rgs : 2 x 6 m.
Terminer le second côté de l'encol.

Devant

Tric. comme au dos jusqu'aux emmanch.
Il reste 67 (73 / 81 / 85 / 93) m.
À 27 (31 / 34 / 37 / 41) cm de haut. après les côtes, former l'encol. en rab. les 7 (11 / 13 / 15 / 15) m. centr. puis continuer un côté à la fs en rab. côté encol. ts les 2 rgs :
2 et 4 ans : 1 x 4 m., 2 x 3 m., 1 x 2 m. et 1 x 1 m.
6, 8 et 10 ans : 1 x 4 m., 1 x 3 m., 2 x 2 m. et 2 x 1 m.
À 30 (34 / 38 / 41 / 45) cm de haut. après les côtes, former l'épaule en rab. côté emmanch. ts les 2 rgs :
2 ans : 3 x 4 m. et 1 x 5 m.
4 ans : 2 x 4 m. et 2 x 5 m.
6 ans : 3 x 5 m. et 1 x 6 m.
8 ans : 2 x 5 m. et 2 x 6 m.
10 ans : 2 x 6 m. et 2 x 7 m.
Terminer le second côté de l'encol.

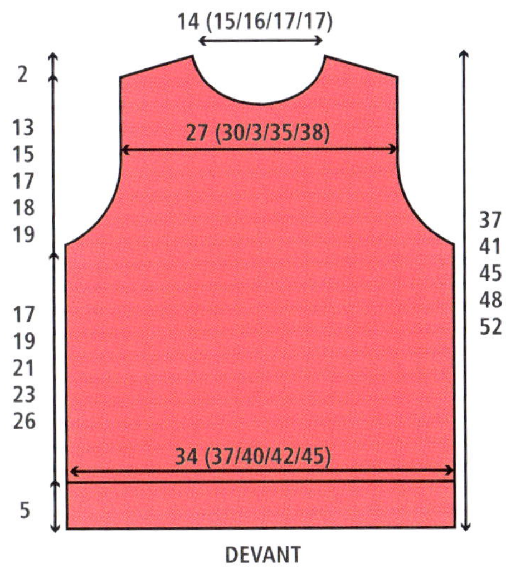

Pull (suite)

Diagramme jacquard

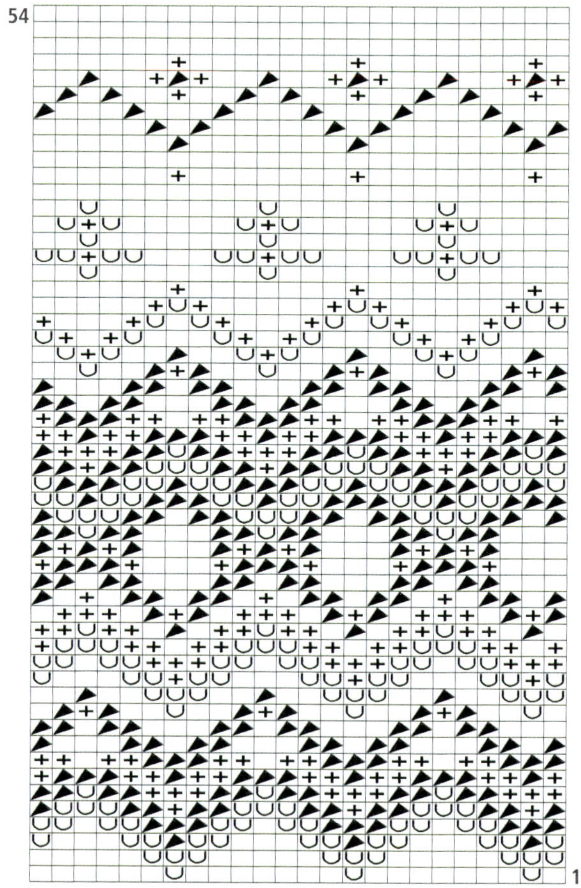

Répéter les 24 m. du diagramme

col. Lichen ⋃ col. Brume ▲ col. Écru + col. Vermillon

Manches

Monter 46 (46 / 50 / 50 / 58) m. aig. n° 3, col. Lichen, tric. en côtes 2/2 en commençant et en terminant le 1er rg et ts les rgs impairs (end. du trav.) par 2 m. end. pendant 5 cm.

Continuer en jersey, aig. n° 3,5, col. Lichen, en répartissant 0 (2 / 0 / 2 / 0) augm. sur le 1er rg.

On a 46 (48 / 50 / 52 / 58) m.

Faire de ch. côté à 1 m. des bords :

2 ans : ts les 6 rgs : 3 x 1 augm. et ts les 4 rgs : 4 x 1 augm.

4 ans : ts les 6 rgs : 4 x 1 augm. et ts les 4 rgs : 6 x 1 augm.

6 ans : ts les 6 rgs : 2 x 1 augm. et ts les 4 rgs : 12 x 1 augm.

8 ans : ts les 6 rgs : 6 x 1 augm. et ts les 4 rgs : 9 x 1 augm.

10 ans : ts les 6 rgs : 12 x 1 augm. et ts les 4 rgs : 3 x 1 augm.

On obtient 60 (68 / 78 / 82 / 88) m.

À 12,5 (17 / 21,5 / 25,5 / 29) cm de haut. après les côtes, tric. en jacquard en répartissant 4 (4 / 4 / 4 / 2) augm. sur le 1er rg et en commençant à la 1re m. du diagramme.

On obtient 64 (72 / 82 / 86 / 90) m.

À 15,5 (20 / 24,5 / 28,5 / 32) cm de haut. après les côtes, former l'arrondi en rab. de ch. côté ts les 2 rgs :

2 ans : 1 x 4 m., 2 x 3 m., 3 x 2 m., 1 x 3 m. et 1 x 4 m.

4 ans : 2 x 4 m., 2 x 3 m., 1 x 2 m., 1 x 3 m., et 2 x 4 m.

6 ans : 1 x 5 m., 2 x 4 m., 2 x 3 m., 2 x 4 m. et 1 x 5 m.

8 ans : 2 x 5 m., 1 x 4 m., 2 x 3 m., 1 x 4 m. et 2 x 5 m.

10 ans : 1 x 6 m., 1 x 5 m., 1 x 4 m., 2 x 3 m., 1 x 4 m., 1 x 5 m. et 1 x 6 m.

À 21,5 (26 / 30,5 / 34,5 / 38) cm de haut. après les côtes, rab. les 18 m. restantes.

Tric. la seconde manche semblable.

Bande d'encolure

Monter 94 (98 / 102 / 106 / 110) m., aig. n° 3,5, col. Lichen, tric. en côtes 2/2 en commençant et en terminant le 1er rg et ts les rgs impairs (end. du trav.) par 2 m. end. pendant 3 cm, puis faire 1 rg end. sur l'end. et quelques rgs de jersey d'un autre coloris.

Repasser ces rgs, il suffira de les détricoter au moment du montage pour retrouver le coloris de base.

ASSEMBLAGE ET FINITIONS

Faire les coutures des épaules, des côtés et des manches. Monter celles-ci aux emmanch. Coudre la bande d'encol., m. par m., à pts arrière sur l'end. du trav.

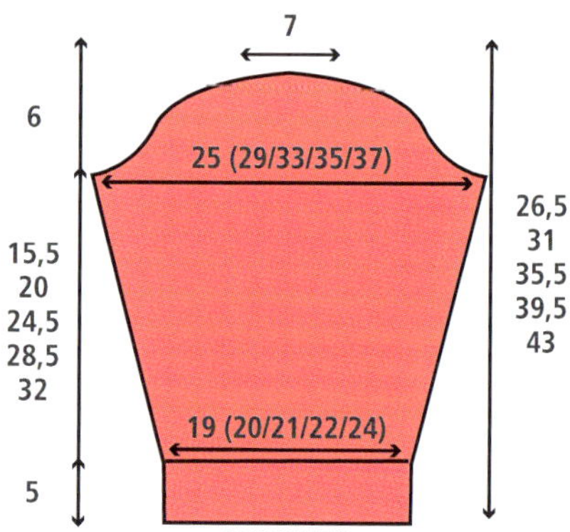

MANCHES

15 Veste kimono

TAILLES
2 ans (4 ans / 6 ans / 8/10 ans)

FOURNITURES
Qualité Chrono Phil de Phildar (55 % coton et 45 % acrylique) : 4 (5 / 6 / 7) pelotes coloris Carbone • Aiguilles n° 7 • 3 boutons

POINT EMPLOYÉ
Jersey

ÉCHANTILLON
Il est indispensable à la réalisation d'un tricot aux bonnes dimensions.
10 cm de jersey, aig. n° 7 = 11 m. et 16 rgs

RÉALISATION

Dos

Monter 35 (38 / 41 / 44) m., aig. n° 7, tric. en jersey pendant 2,5 cm puis marquer les m. lis. d'un fil de couleur pour repérer l'ourlet.
Continuer en jersey, aig. n° 7.
À 9 (11 / 13 / 16,5) cm de haut. après l'ourlet, former les mancherons en augm. de ch. côté ts les 2 rgs : 2 x 2 m.
On a 43 (46 / 49 / 52) m.
Tric. droit.
À 23 (27 / 31 / 36) cm de haut. après l'ourlet, former les épaules en rab. de ch. côté ts les 2 rgs :
2 ans : 2 x 3 m. et 2 x 4 m.
4 ans : 1 x 3 m. et 3 x 4 m.
6 ans : 4 x 4 m.
8/10 ans : 3 x 4 m. et 1 x 5 m.
En même temps, former l'encol. en rab. les 15 (16 / 17 / 18) m. centr. puis continuer un côté à la fs.
Terminer le second côté de l'encol.

Demi-devant droit

Monter 23 (25 / 27 / 29) m., aig. n° 7, tric. en jersey pendant 2,5 cm puis marquer les m. lis. d'un fil de couleur pour repérer l'ourlet.
Continuer en jersey, aig. n° 7.
À 9 (11 / 13 / 16,5) cm de haut. après l'ourlet, former le mancheron en augm. à gauche ts les 2 rgs : 2 x 2 m.
On a 27 (29 / 31 / 33) m.
Tric. droit.
À 18 (22 / 25 / 30) cm de haut. après l'ourlet, former l'encol. en rab. les 13 (14 / 15 / 16) m. de droite.
À 23 (27 / 31 / 36) cm de haut. après l'ourlet, former l'épaule en rab. à gauche ts les 2 rgs :
2 ans : 2 x 3 m. et 2 x 4 m.
4 ans : 1 x 3 m. et 3 x 4 m.
6 ans : 4 x 4 m.
8/10 ans : 3 x 4 m. et 1 x 5 m.

Demi-devant gauche

Monter 10 (11 / 12 / 13) m., aig. n° 7, tric. en jersey pendant 2,5 cm puis marquer les m. lis. d'un fil de couleur pour repérer l'ourlet.
Continuer en jersey, aig. n° 7.
À 9 (11 / 13 / 16,5) cm de haut. après l'ourlet, former le mancheron en augm. à droite ts les 2 rgs : 2 x 2 m.

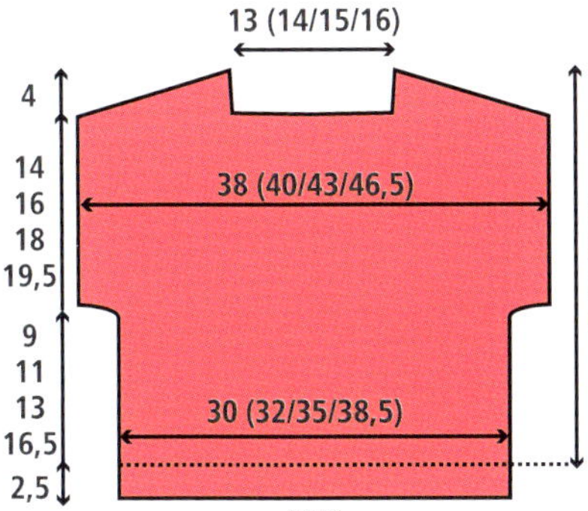

DOS

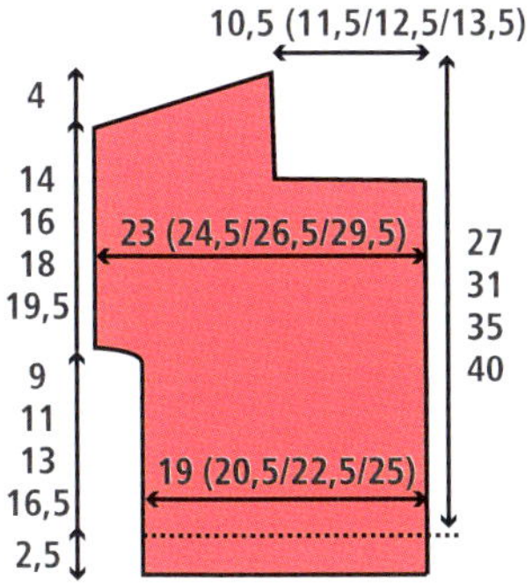

DEMI-DEVANT DROIT

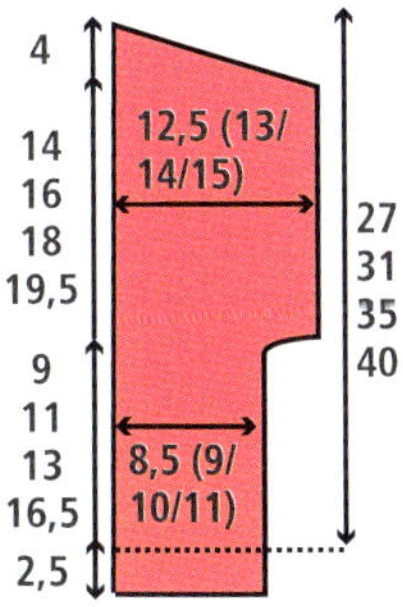

DEMI-DEVANT GAUCHE

On a 14 (15 / 16 / 17) m.
Tric. droit.
À 23 (27 / 31 / 36) cm de haut. après l'ourlet, former l'épaule en rab. à droite ts les 2 rgs :
2 ans : 2 x 3 m. et 2 x 4 m.
4 ans : 1 x 3 m. et 3 x 4 m.
6 ans : 4 x 4 m.
8/10 ans : 3 x 4 m. et 1 x 5 m.

Bandes de finitions

Pour le demi-devant droit :
Monter 20 (25 / 28 / 33) m., aig. n° 7, tric. en jersey.
À 3,5 cm de haut. tot., tric. quelques rgs de jersey d'un autre coloris. Repasser ces rgs, il suffira de les détricoter au moment du montage pour retrouver le coloris de base.
Pour le demi-devant gauche et le côté de l'encol. :
Monter 35 (40 / 44 / 49) m., aig. n° 7, tric. en jersey en augm. à gauche 1 x 1 m. à ch. rg.
À 3,5 cm de haut. tot., terminer comme précédemment.
Pour l'encol. dos :
Monter 11 (12 / 13 / 14) m., aig. n° 7, tric. en jersey en augm. de ch. côté 1 x 1 m. à ch. rg.
À 3,5 cm de haut. tot., terminer comme précédemment.
Pour l'encol. devant :
Monter 11 (12 / 13 / 14) m., aig. n° 7, tric. en jersey en augm. à droite 1 x 1 m. à ch. rg.
À 3,5 cm de haut. tot., terminer comme précédemment.
Pour le côté droit :
Monter 13 (13 / 14 / 14) m., aig. n° 7, tric. en jersey en augm. de ch. côté 1 x 1 m. à ch. rg.
À 3,5 cm de haut. tot., terminer comme précédemment.

ASSEMBLAGE ET FINITIONS

Faire les coutures des épaules. Rentrer de ch. côté 2 m. le long des mancherons et les fixer au fil à coudre. Faire les coutures des côtés. Maintenir l'ourlet du bas au fil à coudre. Coudre les bandes de finitions, m. par m., à pts arrière sur l'end. du trav. Coudre d'abord la bande du demi-devant droit, puis celle de l'encol. du demi-devant droit puis chacune des autres bandes en les assemblant entre elles. Confectionner 3 boutonnières en écartant les m., la première sur la bande d'encol., à 3 m. du bord, les suivantes espacées de 3,5 (4 / 4,5 / 5) cm. Coudre les boutons.

16 Pull

Jacquard rayé et côtes 2/2. Qualité Partner 6.

17 Pull

Jersey rayé multicolore. Qualité Aviso.

16 Pull

TAILLES
2 ans (4 ans / 6 ans / 8 ans / 10 ans)

FOURNITURES
Qualité Partner 6 de Phildar (50 % polyamide, 25 % laine peignée et 25 % acrylique) : 5 (5 / 6 / 7 / 8) pelotes coloris Brume ; 1 (1 / 2 / 2 / 2) pelotes coloris Pavot ; 1 (1 / 1 / 1 / 2) pelotes coloris Aviateur
• Aiguilles n° 5,5 et n° 6

POINTS EMPLOYÉS
Côtes 2/2 rayées (dos, devant et manches) : 3 rgs col. Pavot et 9 rgs col. Brume
Jacquard rayé :
Du 1er au 5e rg : tric. en jersey col. Brume
6e rg : *2 m. env. col. Pavot, 4 m. env. col. Brume*, répéter de * à * et terminer par 2 m. env. col. Pavot
7e rg : tric. ttes les m. à l'end. col. Pavot
Du 8e au 12e rg : tric. en jersey col. Brume
13e rg : 3 m. end. col. Brume, *2 m. end. col. Aviateur, 4 m. end. col. Brume*, répéter de * à * et terminer par 2 m. end. col. Aviateur et 3 m. end. col. Brume
14e rg : tric. ttes les m. à l'env. col. Aviateur
Répéter toujours les 14 rgs.

ÉCHANTILLON
Il est indispensable à la réalisation d'un tricot aux bonnes dimensions.
10 cm de jacquard rayé, aig. n° 6 = 15 m. et 21 rgs

RÉALISATION
Dos
Monter 46 (50 / 58 / 58 / 62) m., col. Pavot, aig. n° 5,5 , tric. en côtes 2/2 rayées (voir pts employés) en commençant et en terminant le 1er rg et ts les rgs impairs (end. du trav.) par 2 m. end. pendant 5 cm.
Continuer en jacquard rayé (voir pts employés), aig. n° 6, en faisant 2 (0 / 2 / 2 /0) dim. sur le 1er rg.
Il reste 44 (50/ 56 / 56 / 62) m.

À 18 (20 / 22 / 24 / 27) cm de haut. après les côtes, marquer les m. lis. d'un fil de couleur pour repérer les emmanch.
À 31 (35 / 39 / 42 / 46) cm de haut. après les côtes, former les épaules en rab. de ch. côté ts les 2 rgs :
2 ans : 2 x 4 m. et 1 x 5 m.
4 ans : 3 x 5 m.
6 ans : 1 x 5 m. et 2 x 6 m.
8 ans : 2 x 5 m. et 1 x 6 m.
10 ans : 2 x 6 m. et 1 x 7 m.
En même temps, former l'encol. en rab. les 6 (8 / 10 / 12 / 12) m. centr. puis continuer un côté à la fs en rab. côté encol. 2 rgs plus haut : 1 x 6 m.
Terminer le second côté de l'encol.

Devant
Tric. comme au dos jusqu'aux emmanch.
On a 44 (50/ 56 / 56 / 62) m.
À 28 (32 / 35 / 38 / 42) cm de haut. après les côtes, former l'encol. en rab. les 4 (6 / 8 / 10 / 10) m. centr. puis continuer un côté à la fs en rab. côté encol. ts les 2 rgs : 1 x 3 m., 1 x 2 m. et 2 x 1 m.
À 31 (35 / 39 / 42 / 46) cm de haut. après les côtes, former l'épaule en rab. côté emmanch. ts les 2 rgs :
2 ans : 2 x 4 m. et 1 x 5 m.
4 ans : 3 x 5 m.
6 ans : 1 x 5 m. et 2 x 6 m.
8 ans : 2 x 5 m. et 1 x 6 m.
10 ans : 2 x 6 m. et 1 x 7 m.
Terminer le second côté de l'encol.

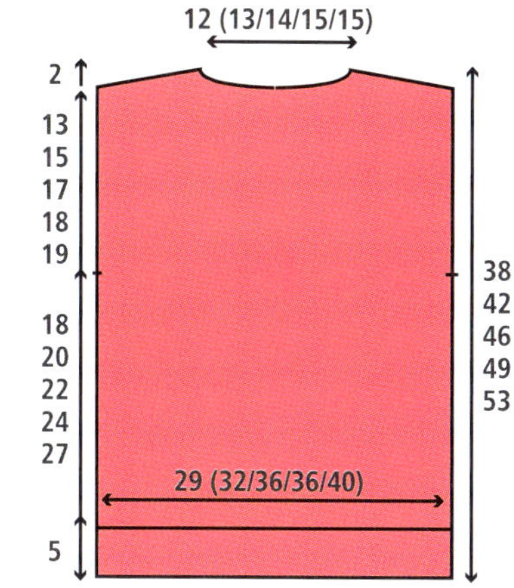

DOS

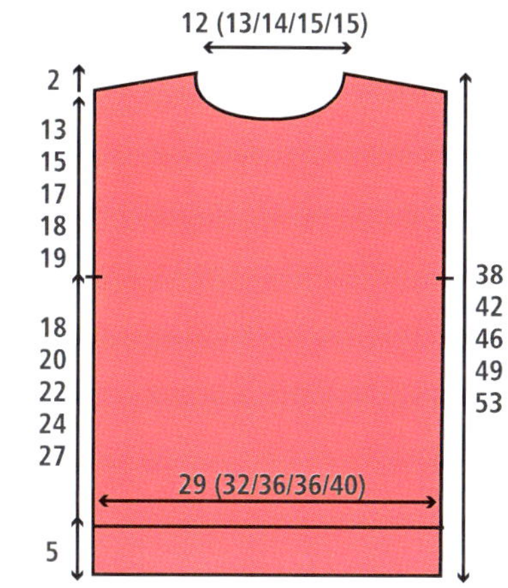

DEVANT

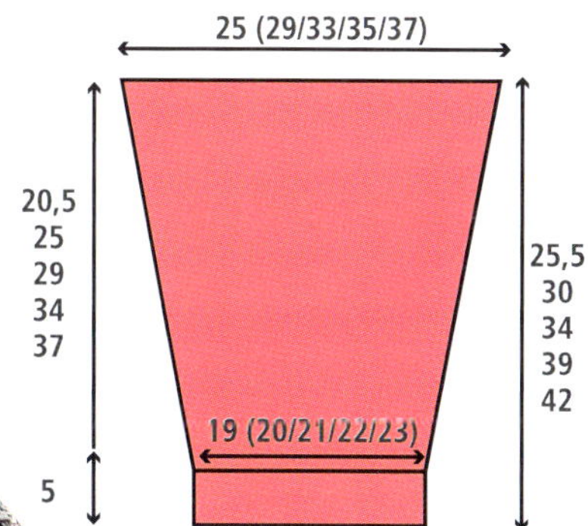

MANCHES

Pull (suite)

Manches

Monter 26 (30 / 34 / 34 / 38) m., col. Pavot, aig. n° 5,5 , tric. en côtes 2/2 rayées (voir pts employés) en commençant et en terminant le 1er rg et ts les rgs impairs (end. du trav.) par 2 m. end. pendant 5 cm.
Continuer en jacquard rayé en faisant 0 (2 / 0 / 0 / 0) augm. sur le 1er rg et en plaçant les m. de la façon suivante :
2 et 4 ans : voir pts employés
6 et 8 ans : 1 m. lis. puis voir les pts employés
10 ans : voir pts employés
On a 26 (32 / 34 / 34 / 38) m.
Faire de ch. côté à 1 m. des bords (reconstituer le jacquard au fur et à mesure des augm.) :
2 ans : ts les 6 rgs : 4 x 1 augm. et ts les 4 rgs : 3 x 1 augm.
4 ans : 8 rgs plus haut : 1 x 1 augm. et ts les 6 rgs : 6 x 1 augm.
6 ans : ts les 6 rgs : 9 x 1 augm.
8 ans : 8 rgs plus haut : 1 x 1 augm. et ts les 6 rgs : 9 x 1 augm.
10 ans : ts les 8 rgs : 5 x 1 augm. et ts les 6 rgs : 5 x 1 augm.
On obtient 40 (46 / 52 / 54 / 58) m.
À 20,5 (25 / 29 / 34 / 37) cm de haut. après les côtes, rab. souplement les m.
Tric. la seconde manche semblable.

Bande d'encolure

Monter 54 (58 / 62 / 66 / 70) m., col. Aviateur, aig. n° 5,5, tric. en côtes 2/2 en commençant et en terminant le 1er rg et ts les rgs impairs (end. du trav.) par 2 m. end. pendant 3 cm, puis faire un rg env. sur l'env. et quelques rgs de jersey d'un autre coloris.
Repasser ces rgs, il suffira de les détricoter au moment du montage pour retrouver le coloris de base.

ASSEMBLAGE ET FINITIONS

Faire les coutures des épaules. Monter les manches aux emmanch. entre les fils de couleurs. Faire les coutures des côtés et des manches.
Coudre la bande d'encol., m. par m., à pts arrière sur l'end. du trav.

17 Pull

TAILLES
4 ans (6 ans / 8 ans / 10 ans)

FOURNITURES
Qualité Aviso de Phildar (60 % coton et 40 % acrylique) : 2 (2 / 3 / 3) pelotes coloris Outremer ; 1 (2 / 2 / 2) pelotes coloris Perle ; 2 (2 / 2 / 2) pelotes coloris Marine ; 2 (2 / 2 / 2) pelotes coloris Orange ; 1 (2 / 2 / 2) pelotes coloris Anthracite ; 1 (1 / 1 / 2) pelotes coloris Grenadine • Aiguilles n° 3 et n° 4

POINTS EMPLOYÉS
Côtes 2/2
Jersey rayé dos et devant : *10 rgs col. Outremer, 1 rg col. Perle, 1 rg col. Outremer, 1 rg col. Perle, 10 rgs col. Marine, 1 rg col. Perle, 1 rg col. Marine, 1 rg col. Perle, 10 rgs col. Orange, 1 rg col. Perle, 1 rg col. Orange, 1 rg col. Perle, 10 rgs col. Anthracite, 1 rg col. Perle, 1 rg col. Anthracite, 1 rg col. Perle, 10 rgs col. Grenadine, 1 rg col. Perle, 1 rg col. Grenadine, 1 rg col. Perle*
Répéter de * à *, soit 65 rgs au tot.
Jersey rayé manches :
4 ans : 1 rg col. Perle, 1 rg col. Outremer, 1 rg col. Perle, 10 rgs col. Marine, 1 rg col. Perle, 1 rg col. Marine, 1 rg col. Perle, 10 rgs col. Orange, 1 rg col. Perle, 1 rg col. Orange, 1 rg col. Perle, 10 rgs col. Anthracite, 1 rg col. Perle, 1 rg col. Anthracite, 1 rg col. Perle, 10 rgs col. Grenadine, 1 rg col. Perle, 1 rg col. Grenadine, 1 rg col. Perle puis répéter de * à * la rayure dos et devant
6 ans : 4 rgs col. Outremer, 1 rg col. Perle, 1 rg col. Outremer, 1 rg col. Perle, 10 rgs col. Marine, 1 rg col. Perle, 1 rg col. Marine, 1 rg col. Perle, 10 rgs col. Orange, 1 rg col. Perle, 1 rg col. Orange, 1 rg col. Perle, 10 rgs col. Anthracite, 1 rg col. Perle, 1 rg col. Anthracite, 1 rg col. Perle, 10 rgs col. Grenadine, 1 rg col. Perle, 1 rg col. Grenadine, 1 rg col. Perle puis répéter de * à * la rayure dos et devant
8 ans : 8 rgs col. Outremer, 1 rg col. Perle, 1 rg col. Outremer, 1 rg col. Perle, 10 rgs col. Marine, 1 rg col. Perle, 1 rg col. Marine, 1 rg col. Perle, 10 rgs col. Orange, 1 rg col. Perle, 1 rg col. Orange, 1 rg col. Perle, 10 rgs col. Anthracite, 1 rg col. Perle, 1 rg col. Anthracite, 1 rg col. Perle, 10 rgs col. Grenadine, 1 rg col. Perle, 1 rg col. Grenadine, 1 rg col. Perle puis répéter de * à * la rayure dos et devant
10 ans : 1 rg col. Grenadine, 1 rg col. Perle puis répéter de * à * la rayure dos et devant

ÉCHANTILLON
Il est indispensable à la réalisation d'un tricot aux bonnes dimensions.
10 cm de jersey rayé, aig. n° 4 = 18 m. et 25 rgs

RÉALISATION
Dos
Monter 65 (70 / 74 / 83) m., aig. n° 3, col. Outremer, tric. 8 rgs de jersey puis marquer les m. lis. d'un fil de couleur pour repérer l'ourlet.
Continuer en jersey rayé (voir pts employés), aig. n° 4.
À 24 (26 / 28 / 32) cm de haut. après l'ourlet (on a tric. : **4 ans :** 8 rgs col. Grenadine / **6 ans :** 1 rg col. Perle et 1 rg col. Grenadine / **8 ans :** 5 rgs col. Outremer / **10 ans :** 2 rgs col. Marine), former le raglan en rab. de ch. côté 1 x 2 m. puis ts les 2 rgs :
4 ans : 1 x 2 m. et 18 x 1 m.
6 ans : 22 x 1 m.
8 ans : 23 x 1 m.
10 ans : *1 x 2 m. et 10 x 1 m.*, répéter de * à * 2 fs au tot. et 3 x 1 m.
À 40 (44 / 47 / 53) cm de haut. après l'ourlet, rab. les 21 (22 / 24 / 25) m. restantes.

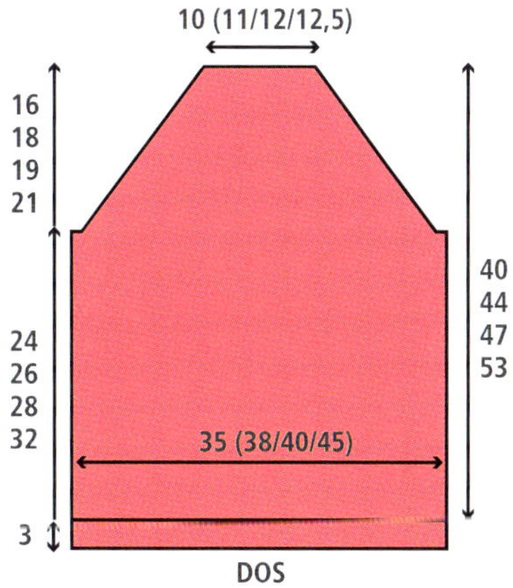

Pull (suite)

Devant

Monter 65 (70 / 74 / 83) m., aig. n° 3, col. Outremer, tric. 8 rgs de jersey puis marquer les m. lis. d'un fil de couleur pour repérer l'ourlet.
Continuer en jersey rayé (voir pts employés), aig. n° 4.
À 24 (26 / 28 / 32) cm de haut. après l'ourlet (on a tric. : **4 ans :** 8 rgs col. Grenadine / **6 ans :** 1 rg col. Perle et 1 rg col. Grenadine / **8 ans :** 5 rgs col. Outremer / **10 ans :** 2 rgs col. Marine), former le raglan en rab. de ch. côté 1 x 2 m. puis ts les 2 rgs :
4 ans : 1 x 2 m. et 16 x 1 m.
6 ans : 20 x 1 m.
8 ans : 21 x 1 m.
10 ans : *1 x 2 m. et 10 x 1 m.*, répéter de * à * 2 fs au tot. et 1 x 1 m.
À 37 (40 / 43 / 48,5) cm de haut. après l'ourlet, former l'encol. en rab. les 5 (6 / 8 / 9) m. centr. puis continuer un côté à la fs en rab. côté encol. ts les 2 rgs :
4 ans : 1 x 7 m.
6, 8 et 10 ans : 1 x 4 m. et 1 x 3 m.
À 38,5 (42,5 / 45,5 / 51,5) cm de haut. après l'ourlet, rab. les 3 m. restantes.
Terminer le second côté de l'encol.

Manche droite

Monter 38 (38 / 42 / 42) m., aig. n° 3, col. Perle, tric. en côtes 2/2 en commençant et en terminant le 1er rg et ts les rgs impairs (end. du trav.) par 2 m. end. pendant 5 cm puis faire 1 rg env. sur l'env. en répartissant 1 (2 / 0 / 3) augm. sur le 1er rg.
On a 39 (40 / 42 / 45) m.
Continuer en jersey rayé (voir pts employés), aig. n° 4, en faisant de ch. côté à 1 m. des bords :
4 ans : 8 rgs plus haut : 1 x 1 augm. et ts les 6 rgs : 6 x 1 augm.
6 ans : ts les 6 rgs : 9 x 1 augm.
8 ans : 8 rgs plus haut : 1 x 1 augm. et ts les 6 rgs : 9 x 1 augm.
10 ans : ts les 6 rgs : 13 x 1 augm.
On obtient 53 (58 / 62 / 71) m.
À 20 (23,5 / 27 / 33) cm de haut. après les côtes (on a tric. : **4 ans :** 8 rgs col. Grenadine / **6 ans :** 1 rg col. Perle et 1 rg col. Grenadine / **8 ans :** 5 rgs col. Outremer / **10 ans :** 2 rgs col. Marine), former le raglan en rab. de ch. côté 1 x 2 m., puis ts les 2 rgs :
4 ans : 1 x 2 m. et 16 x 1 m.
6 ans : 20 x 1 m.
8 ans : 21 x 1 m.
10 ans : *1 x 2 m. et 10 x 1 m.*, répéter de * à * 2 fs au tot. et 1 x 1 m.
À 34,5 (40 / 44,5 / 52,5) cm de haut. après les côtes, rab. à droite ts les 2 rgs :
4 ans : 2 x 4 m.
6 ans : 1 x 5 m. et 1 x 4 m.
8 ans : 1 x 6 m. et 1 x 5 m.
10 ans : 1 x 7 m. et 1 x 5 m.
En même temps, rab. à gauche 1 x 1 m. et 2 rgs plus haut : 1 x 1 m.
À 36 (41,5 / 46 / 54) cm de haut. après les côtes, rab. les 3 m. restantes.
Tric. la manche gauche en sens inverse.

Bande d'encolure

Monter 62 (66 / 70 / 74) m., aig. n° 3, col. Perle, tric. en côtes 2/2 en commençant et en terminant le 1er rg et ts les rgs impairs (end. du trav.) par 2 m. end. pendant 3 cm puis faire un rg end. sur l'end. et quelques rgs de jersey d'un autre coloris.
Repasser ces rgs, il suffira de les détricoter au moment du montage pour retrouver le coloris de base.

ASSEMBLAGE ET FINITIONS

Monter les manches au corps par le raglan (le plus petit côté correspond au devant).

Faire les coutures des côtés et des manches.

Coudre la bande d'encol., m. par m., à pts arrière sur l'end. du trav.

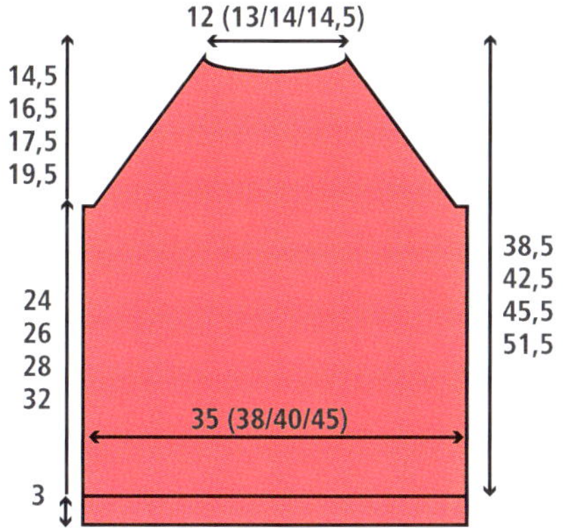

DEVANT

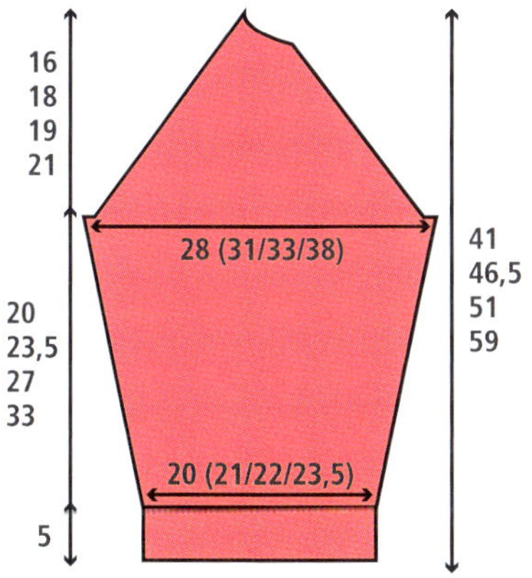

MANCHE DROITE

18 Pull

À torsades et côtes 2/2.
Qualité Phil Thalassa.

19 Pull

En jersey avec jacquard ou broderie au point de maille. Qualité Iliade.

18 Pull

TAILLES
4 ans (6 ans / 8 ans / 10 ans)

FOURNITURES
Qualité Phil Thalassa de Phildar (75 % coton et 25 % lyocell) : 9 (11 / 12 / 15) pelotes coloris Indigo • Aiguilles n° 3 et n° 3,5 • Aiguille à torsade • 1 bouton

POINTS EMPLOYÉS
Côtes 2/2
Point fantaisie : voir diagramme et légendes

ÉCHANTILLON
Il est indispensable à la réalisation d'un tricot aux bonnes dimensions.
10 cm de pt fantaisie, aig. n° 3,5 = 28 m. et 28 rgs

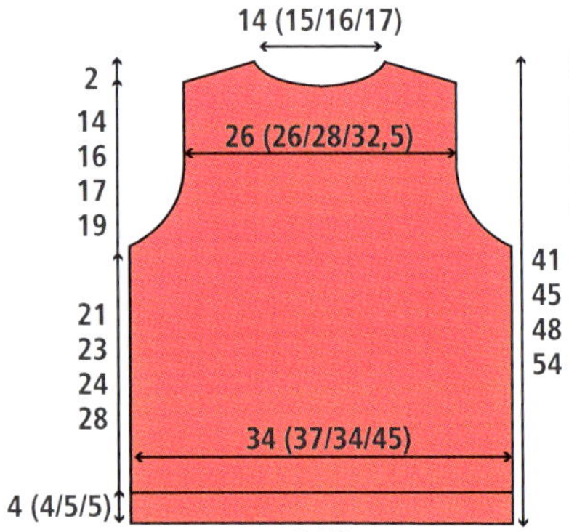

DOS

6 ans : coutures décalées pour permettre un raccord ; la largeur poitrine est volontairement diminuée, elle se retrouve sur le devant

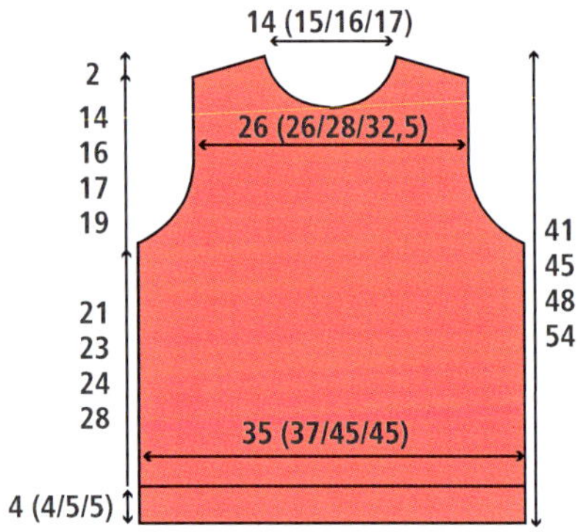

DEVANT

6 ans : les coutures côtés du devant sont décalées vers le dos

RÉALISATION
Dos
Monter 86 (94 / 98 / 110) m., aig. n° 3, tric. en côtes 2/2 en commençant et en terminant le 1er rg et ts les rgs impairs (end. du trav.) par 2 m. end. pendant 4 (4 / 5 / 5) cm.
Continuer en pt fantaisie (voir diagramme), aig. n° 3,5, en commençant :
4, 8 et 10 ans : à la 1re m. du diagramme / **6 ans :** 3 m. env. et la 1re m. du diagramme en répartissant 14 (12 / 14 / 18) augm. sur le 1er rg.
On a 100 (106 / 100 / 128) m.
À 21 (23 / 24 / 28) cm de haut. après les côtes, former les emmanch. en rab. de ch. côté ts les 2 rgs :
4 ans : 2 x 3 m., 2 x 2 m. et 3 x 1 m.
6 ans : 2 x 3 m., 3 x 2 m. et 4 x 1 m.
8 ans : 4 x 2 m. et 3 x 1 m.
10 ans : 1 x 4 m., 2 x 3 m., 2 x 2 m. et 3 x 1 m.
Il reste 74 (74 / 78 / 94) m.
À 35 (39 / 41 / 47) cm de haut. après les côtes, former les épaules en rab. de ch. côté ts les 2 rgs :
4 ans : 3 x 4 m., et 1 x 5 m.
6 ans : 4 x 4 m.
8 ans : 3 x 4 m. et 1 x 5 m.
10 ans : 1 x 5 m. et 3 x 6 m.
En même temps, former l'encol. en rab. les 22 (24 / 26 / 30) m. centr. puis continuer un côté à la fs en rab. côté encol. ts les 2 rgs : 1 x 5 m. et 1 x 4 m.
Terminer le second côté de l'encol.

Devant
Tric. comme au dos jusqu'aux emmanch.
Il reste 74 (74 / 78 / 94) m.
À 32 (35 / 37 / 43) cm de haut. après les côtes, former l'encol. en rab. les 20 (22 / 24 / 28) m. centr. puis continuer un côté à la fs en rab. côté encol. ts les 2 rgs :
4, 6 et 8 ans : 1 x 4 m., 1 x 3 m., 1 x 2 m. et 1 x 1 m.
10 ans : 1 x 4 m., 1 x 3 m., 1 x 2 m. et 4 rgs plus haut : 1 x 1 m.
Entretemps, à 35 (39 / 41 / 47) cm de haut. après les côtes, former l'épaule en rab. côté emmanch. ts les 2 rgs :
4 ans : 3 x 4 m. et 1 x 5 m.
6 ans : 4 x 4 m.
8 ans : 3 x 4 m. et 1 x 5 m.
10 ans : 1 x 5 m. et 3 x 6 m.
Terminer le second côté de l'encol.

Manches

Monter 50 (54 / 54 /58) m., aig. n° 3, tric. en côtes 2/2 en commençant et en terminant le 1er rg et ts les rgs impairs (end. du trav.) par 2 m. end. pendant 4 (4 / 5 / 5) cm.

Continuer au pt fantaisie (voir diagramme), aig. n° 3,5, en répartissant 8 (6 / 10 / 10) augm. sur le 1er rg et en commençant à la 8e (7e / 5e / 3e) m. du diagramme.

On a 58 (60 / 64 / 68) m.

Augm. de ch. côté (en reconstituant le pt fantaisie au fur et à mesure des augm.) :

4 ans : ts les 14 rgs : 3 x 1 m.

6 ans : ts les 14 rgs : 4 x 1 m.

8 ans : ts les 14 rgs : 4 x 1 m. et 12 rgs plus haut : 1 x 1 m.

10 ans : ts les 12 rgs : 3 x 1 m. et ts les 10 rgs : 5 x 1 m.

On obtient 64 (68 / 74 / 84) m.

À 20 (25 / 27,5 / 33) cm de haut. après les côtes, former l'arrondi en rab. de ch. côté :

4 ans : ts les 2 rgs : 2 x 3 m., 1 x 2 m., 1 x 1 m., 10 rgs plus haut : 1 x 1 m., 4 rgs plus haut : 1 x 2 m., ts les 2 rgs : 1 x 2 m., 2 x 3 m. et 1 x 4 m.

6 ans : ts les 2 rgs : 2 x 3 m., 1 x 2 m., 2 x 1 m., ts les 4 rgs : 3 x 1 m., ts les 2 rgs : 1 x 1 m., 1 x 2 m., 2 x 3 m. et 1 x 4 m.

8 ans : ts les 2 rgs : 1 x 4 m., 2 x 3 m., 1 x 2 m., 1 x 1 m., ts les 4 rgs : 4 x 1 m., ts les 2 rgs : 1 x 2 m., 2 x 3 m., et 1 x 4 m.

10 ans : ts les 2 rgs : 1 x 4 m., 2 x 3 m., 2 x 2 m., 3 x 1 m., ts les 4 rgs : 4 x 1 m., ts les 2 rgs : 1 x 2 m., 1 x 3 m. et 2 x 4 m.

À 30 (36 / 39,5 / 46,5) cm de haut. après les côtes, rab. les 16 m. restantes.

Tric. la seconde manche semblable.

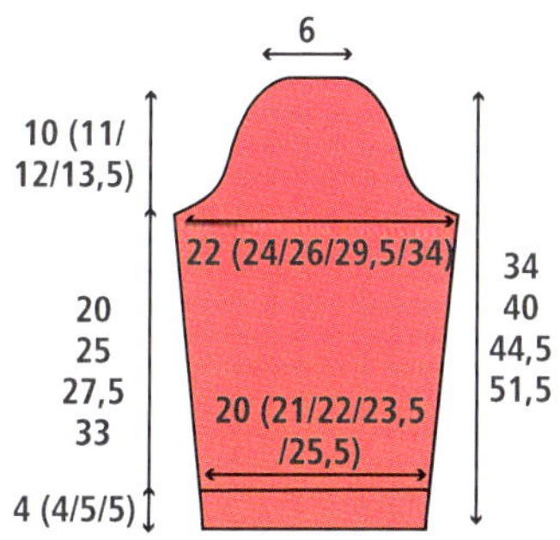

MANCHES

Bandes d'encolure
Monter 98 (102 / 106 / 110) m., aig. n° 3, tric. en côtes 2/2 en commençant et en terminant le 1er rg et ts les rgs impairs (end. du trav.) par 2 m. end. pendant 2,5 cm puis faire un rg end. sur l'end. et quelques rgs de jersey d'un autre coloris.
Repasser ces rgs, il suffira de les détricoter au moment du montage pour retrouver le coloris de base.

Poche
Monter 20 m., aig. n° 3, tric. en jersey pendant 9 cm puis rab. ttes les m.

Rabat
Monter 20 m., aig. n° 3, tric. en jersey pendant 4 cm puis rab. ttes les m.

Pattes d'épaules
Monter 18 (17 / 18 / 24) m., aig. n° 3, tric. en jersey pendant 8 cm puis rab. ttes les m.
Tric. une seconde patte semblable.

ASSEMBLAGE ET FINITIONS
Faire les coutures des épaules, des côtés et des manches.
Monter celles-ci aux emmanch.
Coudre la bande d'encol., m. par m., à pts arrière sur l'end. du trav.
Coudre les pattes d'épaules en fantaisie.
Coudre la poche sur la manche gauche à 7 cm du haut de l'épaule en la centrant et le rabat juste au-dessus, puis coudre le bouton au centre du rabat.

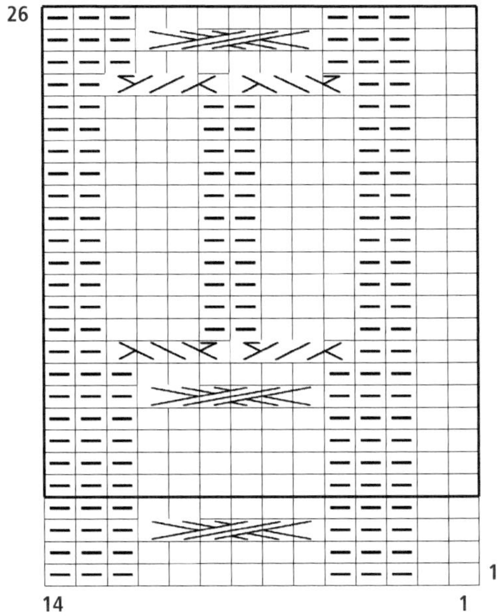

Répeter les 14 m. du diagramme
Tric. du 1er au 26e rg puis répéter l'encadré

m. end. sur l'end. ou m. env. sur l'env.

– m. env. sur l'end. ou m. end. sur l'env.

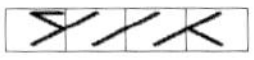 **4 m. croisées vers la droite : glisser 1 m. sur une aig. à torsade placée derrière, tric. les 3 m. suivantes à l'end. puis la m. de l'aig. à torsade à l'env.**

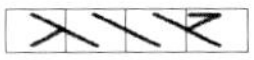 **4 m. croisées vers la gauche : glisser 3 m. sur une aig. à torsade placée devant, tric. la m. suivante à l'env. puis les 3 m. de l'aig. à torsade à l'end.**

 **6 m. croisées vers la droite : glisser 3 m. sur une aig. à torsade placée derrière, tric. les 3 m. suivantes à l'end. puis les 3 m. de l'aig. à torsade**

19 Pull

TAILLES
2 ans (4 ans / 6 ans / 8 ans / 10 ans)

FOURNITURES
Qualité Iliade de Phildar (70 % acrylique et 30 % laine) : 3 (4 / 5 / 5 / 6) pelotes coloris Écru ; 1 (1 / 1 / 1 / 1) pelote coloris Anthracite ; 1 (1 / 1 / 1 / 1) pelote coloris Pavot • Aiguilles n° 3,5 et n° 4

POINTS EMPLOYÉS
Côtes 1/1
Jersey
Jacquard (ou Broderie au point de maille) : voir diagramme et légendes

ÉCHANTILLON
Il est indispensable à la réalisation d'un tricot aux bonnes dimensions.
10 cm de jersey, aig. n° 4 = 19 m. et 27 rgs

RÉALISATION

Dos

Monter 62 (68 / 74 / 78 / 84) m., col. Anthracite, aig. n° 3,5, tric. en côtes 1/1 pendant 4 cm.
Continuer en jersey, col. Écru, aig. n° 4.
À 3 (5 / 7 / 9 / 12) cm de haut. après les côtes, former les emmanch. en rab. de ch. côté ts les 2 rgs :
2 et 4 ans : 1 x 3 m., 2 x 2 m. et 1 x 1 m.
6 et 8 ans : 1 x 3 m., 2 x 2 m. et 2 x 1 m.
10 ans : 1 x 4 m., 1 x 3 m., 1 x 2 m. et 2 x 1 m.
Il reste 46 (52 / 56 / 60 / 62) m.
À 16 (20 / 24 / 27 / 31) cm de haut. après les côtes, former les épaules en rab. de ch. côté ts les 2 rgs :
2 ans : 1 x 2 m. et 3 x 3 m.
4 ans : 3 x 3 m. et 1 x 4 m.
6 ans : 2 x 3 m. et 2 x 4 m.
8 ans : 1 x 3 m. et 3 x 4 m.
10 ans : 4 x 4 m.
En même temps, former l'encol. en rab. les 8 (10 / 12 / 14 / 14) m. centr. puis continuer un côté à la fs en rab. côté encol. ts les 2 rgs : 2 x 4 m.
Terminer le second côté de l'encol.

Devant

Monter 62 (68 / 74 / 78 / 84) m., col. Anthracite, aig. n° 3,5, tric. en côtes 1/1 pendant 4 cm.
Continuer en jersey, col. Écru, aig. n° 4.
À 1 (3 / 5 / 7 / 10) cm de haut. après les côtes, marquer les m. lis. d'un fil de couleur pour repérer l'emplacement de la broderie ou continuer en jacquard en plaçant les 42 m. du diagramme au milieu du trav.
À 3 (5 / 7 / 9 / 12) cm de haut. après les côtes, former les emmanch. en rab. de ch. côté ts les 2 rgs :
2 et 4 ans : 1 x 3 m., 2 x 2 m. et 1 x 1 m.
6 et 8 ans : 1 x 3 m., 2 x 2 m. et 2 x 1 m.
10 ans : 1 x 4 m., 1 x 3 m., 1 x 2 m. et 2 x 1 m.
Il reste 46 (52 / 56 / 60 / 62) m.
À 13 (17 / 20 / 23 / 27) cm de haut. après les côtes, former l'encol. en rab. les 6 (8 / 10 / 12 / 12) m. centr. puis continuer un côté à la fs en rab. côté encol. ts les 2 rgs :
2 et 4 ans : 1 x 3 m., 2 x 2 m. et 2 x 1 m.
6, 8 et 10 ans : 1 x 3 m., 2 x 2 m., 1 x 1 m., 4 rgs plus haut : 1 x 1 m.
À 16 (20 / 24 / 27 / 31) cm de haut. après les côtes, former l'épaule en rab. côté emmanch. ts les 2 rgs :
2 ans : 1 x 2 m. et 3 x 3 m.
4 ans : 3 x 3 m. et 1 x 4 m.
6 ans : 2 x 3 m. et 2 x 4 m.
8 ans : 1 x 3 m. et 3 x 4 m.
10 ans : 4 x 4 m.
Terminer le second côté de l'encol.

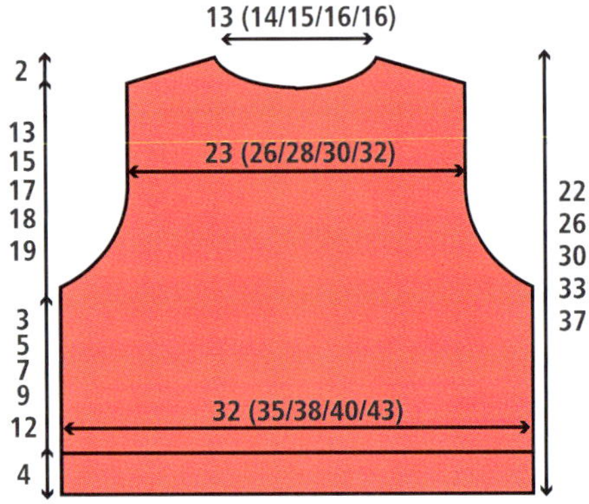

DOS

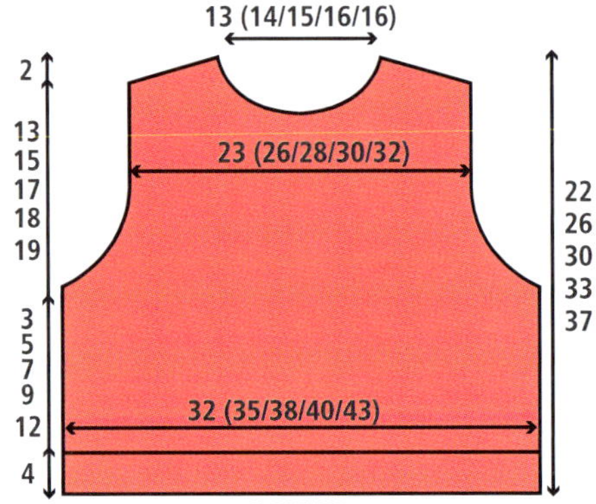

DEVANT

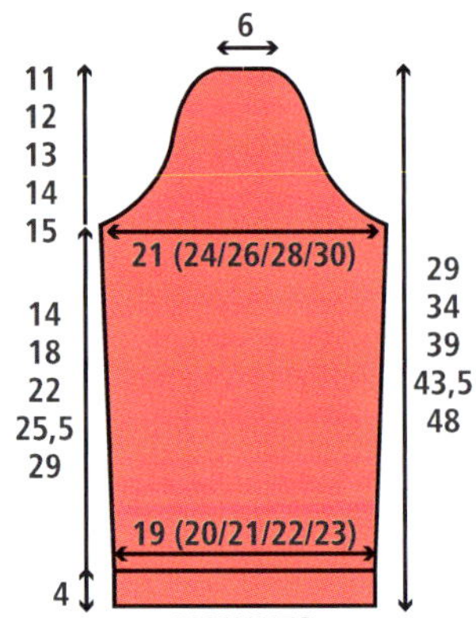

MANCHES

Diagramme inscription

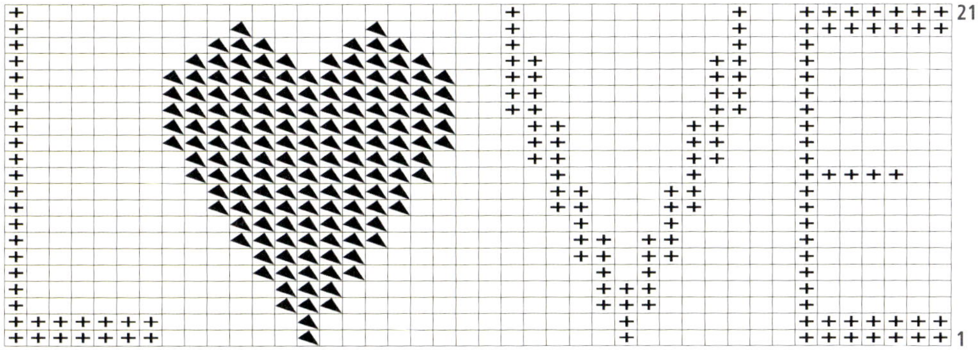

42 mailles

col. Écru
+ col. Anthracite
◀ col. Pavot

Manches

Monter 38 (40 / 42 / 44 / 46) m, col. Anthracite, aig. n° 3,5, tric. en côtes 1/1 pendant 4 cm.
Continuer en jersey, col. Écru, aig. n° 4 en faisant de ch. côté à 1 m. des bords :
2 ans : 14 rgs plus haut : 1 x 1 augm. et 12 rgs plus haut : 1 x 1 augm.
4 ans : ts les 10 rgs : 4 x 1 augm.
6 ans : ts les 10 rgs : 5 x 1 augm.
8 ans : ts les 10 rgs : 6 x 1 augm.
10 ans : ts les 10 rgs : 7 x 1 augm.
On obtient 42 (48 / 52 / 56 / 60) m.
À 14 (18 / 22 / 25,5 / 29) cm de haut. après les côtes, former l'arrondi en rab. de ch. côté ts les 2 rgs :
2 ans : 1 x 2 m., 4 x 1 m., ts les 4 rgs : 3 x 1 m., ts les 2 rgs : 3 x 1 m. et 1 x 2 m.
4 ans : 1 x 2 m., 6 x 1 m., 4 rgs plus haut : 1 x 1 m., ts les 2 rgs : 6 x 1 m. et 1 x 2 m.
6 ans : 2 x 2 m., 4 x 1 m., ts les 4 rgs : 3 x 1 m., ts les 2 rgs : 4 x 1 m. et 2 x 2 m.
8 ans : 3 x 2 m., 3 x 1 m., ts les 4 rgs : 4 x 1 m., ts les 2 rgs : 2 x 1 m. et 3 x 2 m.
10 ans : 3 x 2 m., 4 x 1 m., ts les 4 rgs : 3 x 1 m., ts les 2 rgs : 4 x 1 m. et 3 x 2 m.
À 25 (30 / 35 / 39,5 / 44) cm de haut. après les côtes, rab. les 14 m. restantes.
Tric. la seconde manche semblable.

Bande d'encolure

Monter 72 (76 / 80 / 84 / 84) m., coloris Pavot, aig. n° 3,5, tric. en côtes 1/1 pendant 3 cm puis faire 1 rg end. sur l'end. et quelques rgs de jersey d'un autre coloris. Repasser ces rgs, il suffira de les détricoter au moment du montage pour retrouver le coloris de base.

ASSEMBLAGE ET FINITIONS

Si vous n'avez pas tricoté le jacquard, broder l'inscription sur le devant au niveau des fils de couleur en plaçant les 42 m. du diagramme au milieu du trav. Faire les coutures des épaules, des côtés et des manches. Monter celles-ci aux emmanch. Coudre la bande d'encol., m. par m., à pts arrière sur l'end. du trav.

20 Robe

En jacquard, finitions côtes 1/1.
Qualité Partner 3,5.

21 Gilet

En jersey et au point fantaisie, fermé par deux liens. Qualité Phil Écolo.

20 Robe

TAILLES
2 ans (4 ans / 6 ans / 8 ans / 10 ans)

FOURNITURES
Qualité Partner 3,5 de Phildar (50 % polyamide, 25 % laine peignée et 25 % acrylique) : 2 (3 / 3 / 4 / 5) pelotes coloris Acier ; 2 (2 / 2 / 3 / 3) pelotes coloris Rose • Aiguilles n° 3,5 et n° 4

POINTS EMPLOYÉS
Côtes 1/1

Jacquard : voir diagramme et légendes

ÉCHANTILLON
Il est indispensable à la réalisation d'un tricot aux bonnes dimensions.
10 cm de jacquard, aig. n° 4 = 22 m. et 28 rgs

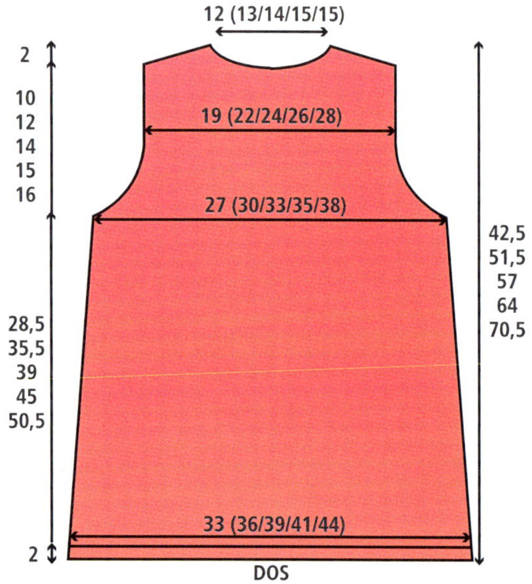

RÉALISATION
Dos

Monter 76 (82 / 86 / 92 / 96) m., aig. n° 3,5, col. Acier, tric. en côtes 1/1 pendant 2 cm.
Continuer en jacquard, aig. n° 4 (voir diagramme) en faisant 1 (0 / 1 / 0 / 1) augm. sur le 1er rg.
Faire de ch. côté à 2 m. des bords :
2 ans : ts les 10 rgs : 4 x 1 dim. et ts les 8 rgs : 4 x 1 dim.
4 ans : ts les 14 rgs : 2 x 1 dim. et ts les 12 rgs : 5 x 1 dim.
6 ans : ts les 16 rgs : 6 x 1 dim.
8 ans : ts les 18 rgs : 6 x 1 dim.
10 ans : 22 rgs plus haut : 1 x 1 dim. et ts les 20 rgs : 5 x 1 dim.
Il reste 61 (68 / 75 / 80 / 85) m.
À 28,5 (35,5 / 39 / 45 / 50,5) cm de haut. après les côtes (on a tric. : **2 ans :** 16 rgs col. Acier / **4 ans :** 4 rgs col. Rose / **6 ans :** 14 rgs col. Rose / **8 ans :** 4 rgs de jacquard / **10 ans :** 12 rgs col. Acier), former les emmanch. en rab. de ch. côté ts les 2 rgs :
2 et 4 ans : 1 x 3 m., 2 x 2 m. et 2 x 1 m.
6 et 8 ans : 1 x 3 m., 2 x 2 m. et 3 x 1 m.
10 ans : 1 x 4 m., 1 x 3 m., 1 x 2 m. et 2 x 1 m.
Il reste 43 (50 / 55 / 60 / 63) m.
À 38,5 (47,5 / 53 / 60 / 66,5) cm de haut. après les côtes, former les épaules en rab. de ch. côté ts les 2 rgs :
2 ans : 4 x 2 m.
4 ans : 1 x 2 m. et 3 x 3 m.
6 ans : 4 x 3 m.
8 ans : 3 x 3 m. et 1 x 4 m.
10 ans : 2 x 3 m. et 2 x 4 m.
En même temps, former l'encol. en rab. les 9 (10 / 13 / 16 / 17) m. centr. puis continuer un côté à la fs en rab. côté encol. ts les 2 rgs : 1 x 5 m. et 1 x 4 m.
Terminer le second côté de l'encol.

Devant

Tric. comme au dos jusqu'aux emmanch.

Il reste 43 (50 / 55 / 60 / 63) m.

À 49 cm de haut. après les côtes, former l'encol. en rab. les 9 (10 / 11 / 14 / 15) m. centr. puis continuer un côté à la fs en rab. côté encol. ts les 2 rgs :

2 et 4 ans : 1 x 3 m., 2 x 2 m. et 2 x 1 m.

6, 8 et 10 ans : 2 x 3 m., 1 x 2 m., 1 x 1 m., 4 rgs plus haut : 1 x 1 m.

À 38,5 (47,5 / 53 / 60 / 66,5) cm de haut. après les côtes, former l'épaule en rab. côté emmanch. ts les 2 rgs :

2 ans : 4 x 2 m.

4 ans : 1 x 2 m. et 3 x 3 m.

6 ans : 4 x 3 m.

8 ans : 3 x 3 m. et 1 x 4 m.

10 ans : 2 x 3 m. et 2 x 4 m.

Terminer le second côté de l'encol.

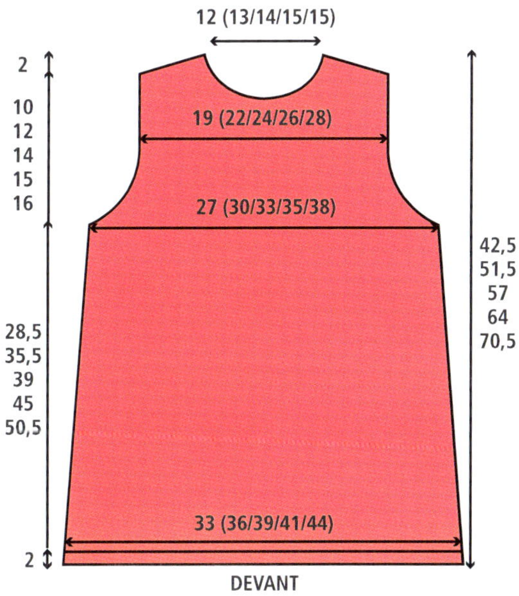

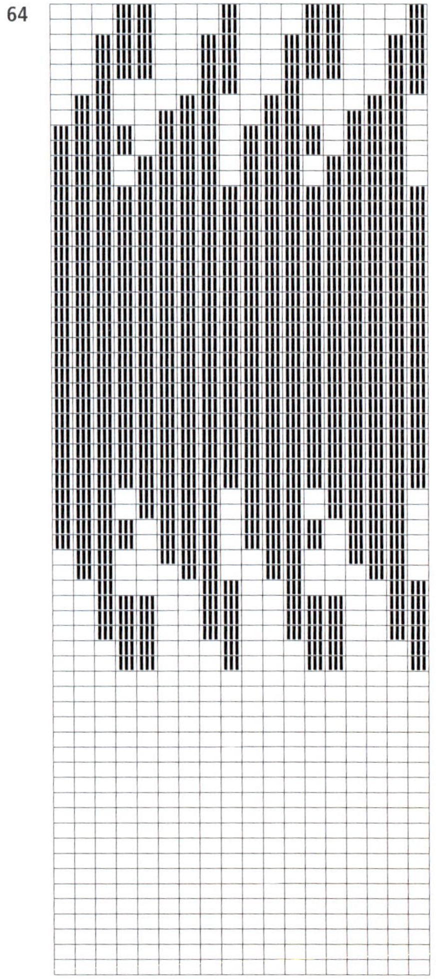

Répéter les 18 m. et 64 rgs du diagramme

18 mailles

coloris Acier
III coloris Rose

Manches

Monter 43 (50 / 55 / 60 / 63) m., aig. n° 3,5, col. Acier, tric. en côtes 1/1 pendant 2 cm.

Continuer en jacquard, aig. n° 4, en commençant au 17e (37e / 47e / 63e / 13e) rg. du diagramme.

Former l'arrondi en rab. de ch. côté ts les 2 rgs :

2 ans : 1 x 1 m., ts les 4 rgs : 7 x 1 m.

4 ans : 1 x 2 m., 1 x 1 m., ts les 4 rgs : 7 x 1 m., 2 rgs plus haut : 1 x 2 m.

6 ans : 1 x 2 m., 2 x 1 m., ts les 4 rgs : 6 x 1 m. et ts les 2 rgs : 2 x 1 m. et 1 x 2 m.

8 ans : 1 x 2 m., 5 x 1 m., ts les 4 rgs : 5 x 1 m., ts les 2 rgs : 3 x 1 m. et 1 x 2 m.

10 ans : 1 x 2 m., 5 x 1 m., ts les 4 rgs : 5 x 1 m., ts les 2 rgs : 4 x 1 m. et 1 x 2 m.

À 11 (12 / 13 / 14 / 15) cm de haut. après les côtes, rab. les 27 (26 / 27 / 26 / 27) m. restantes.

Tric. la seconde manche semblable.

Bande d'encolure

Monter 84 (88 / 92 / 96 / 100) m., aig. n° 3,5, coloris Acier, tric. en côtes 1/1 pendant 2 cm puis faire 1 rg end. sur l'end. et quelques rgs de jersey d'un autre coloris.

Repasser ces rgs, il suffira de les détricoter au moment du montage pour retrouver le coloris de base.

ASSEMBLAGE ET FINITIONS

Faire les coutures des épaules, des côtés et des manches. Passer un fil de fronces en haut de la manche et serrer. Monter celles-ci aux emmanch. en répartissant les fronces régulièrement. Coudre la bande d'encol., m. par m., à pts arrière sur l'endr. du trav.

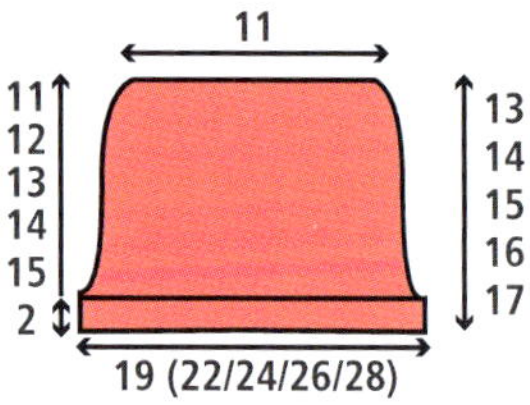

MANCHES

21 Gilet

TAILLES
2 ans (4 ans / 6 ans / 8/10 ans)

FOURNITURES
Qualité Phil Écolo de Phildar (100 % polyester) : 5 (6 / 7 / 8) pelotes coloris Sorbet • Aiguilles n° 3,5

POINTS EMPLOYÉS
Jersey
Point fantaisie : voir diagramme et légendes
Diminution double verticale à l'endroit sur l'endroit : avec un groupe de 3 m., glisser la 1re et la 2e m. comme pour les tric. ens. à l'end., reprendre sur l'aig. gauche la 1re des 2 m. en passant derrière la 2e, tric. ens. à l'end. la 3e et la 1re m. puis passer la 2e m. sur la m. obtenue
Augmentation à 2 mailles des bords

ÉCHANTILLONS
Ils sont indispensables à la réalisation d'un tricot aux bonnes dimensions.
10 cm de jersey, aig. n° 3,5 = 23 m. et 32 rgs
Les 10 rgs du diagramme, aig. n° 3,5 = 3,5 cm

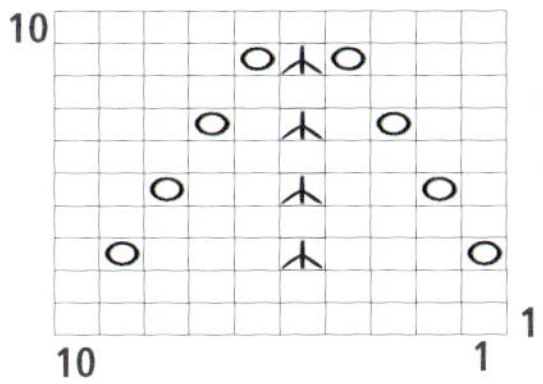

Répéter les 10 m. du diagramme

m. end. sur l'end. ou m. env. sur l'env.

O jeté

dim. double verticale (d'un groupe de 3 m.) : glisser la 1re et la 2e m. comme pour les tric. ens. à l'end., reprendre sur l'aig. gauche la 1re des 2 m. en passant derrière la 2e, tric. ens. à l'end. la 3e et la 1re m. puis passer la 2e m. sur la m. obtenue

RÉALISATION
Dos
Monter 71 (73 / 81 / 91) m., aig. n° 3,5, tric. au pt fantaisie (voir diagramme) en commençant par 1 (2 / 1 / 1) m. end. et la 1re m. du diagramme.
Les 10 rgs du diagramme terminés, continuer en jersey en faisant 2 dim. (2 augm. / 2 augm. / 2 dim.).
On a 69 (75 / 83 / 89) m.
À 14 (16 / 18 / 21) cm de haut. tot., former les emmanch. en rab. de ch. côté ts les 2 rgs :
2 et 4 ans : 1 x 3 m., 1 x 2 m. et 4 x 1 m.
6 et 8/10 ans : 1 x 3 m., 2 x 2 m. et 3 x 1 m.
Il reste 51 (57 / 63 / 69) m.
À 26 (30 / 34 / 39) cm de haut. tot., former les épaules en rab. de ch. côté ts les 2 rgs :
2 ans : 3 x 2 m. et 1 x 3 m.
4 ans : 1 x 2 m. et 3 x 3 m.
6 ans : 3 x 3 m. et 1 x 4 m.
8 ans : 1 x 3 m. et 3 x 4 m.
En même temps, former l'encol. en rab. les 21 (23 / 23 / 25) m. centr. puis continuer un côté à la fs en rab. côté encol. ts les 2 rgs :
2 et 4 ans : 1 x 4 m. et 1 x 2 m.
6 et 8/10 ans : 1 x 5 m. et 1 x 2 m.
Terminer le second côté de l'encol.

Demi-devant droit
Monter 52 (53 / 62 / 62) m., aig. n° 3,5, tric. au pt fantaisie (voir diagramme) en commençant par 1 (2 / 1 / 1) m. end. et la 1re m. du diagramme. Les 10 rgs du diagramme terminés, continuer en jersey en faisant 2 (0 / 5 / 2) dim.
On a 50 (53 / 57 / 60) m.
À 14 (16 / 18 / 21) cm de haut. tot., former l'emmanch. en rab. à gauche ts les 2 rgs :
2 et 4 ans : 1 x 3 m., 1 x 2 m. et 4 x 1 m.
6 et 8/10 ans : 1 x 3 m., 2 x 2 m. et 3 x 1 m.
Il reste 41 (44 / 47 / 50) m.
À 22,5 (26,5 / 29,5 / 34,5) cm de haut. tot., former les fronces de la façon suivante :
tric. 4 m. puis faire 8 dim. doubles verticales (voir pts employés). Tric. sur le reste des m. Il reste 25 (28 / 31 / 34) m.
À 23 (27 / 30 / 35) cm de haut. tot., former l'encol. en rab. à droite ts les 2 rgs :

2 ans : 1 x 12 m., 1 x 2 m. et 2 x 1 m.
4 ans : 1 x 12 m., 2 x 2 m. et 1 x 1 m.
6 ans : 1 x 12 m., 2 x 2 m. et 2 x 1 m.
8 ans : 1 x 12 m., 3 x 2 m. et 1 x 1 m.
À 26 (30 / 34 / 39) cm de haut. tot., former l'épaule en rab. côté emmanch. ts les 2 rgs :
2 ans : 3 x 2 m. et 1 x 3 m.
4 ans : 1 x 2 m. et 3 x 3 m.
6 ans : 3 x 3 m. et 1 x 4 m.
8 ans : 1 x 3 m. et 3 x 4 m.
Tric. le demi-devant gauche en sens inverse.

Manches

Monter 46 (50 / 54 / 60) m., aig. n° 3,5, tric. en jersey :
2 ans : tric. droit
4, 6 et 8/10 ans : faire de ch. côté à 2 m. des bords :
4 ans : 24 rgs plus haut : 1 x 1 augm.
6 ans : 26 rgs plus haut : 1 x 1 augm.
8 ans : ts les 22 rgs : 2 x 1 augm.
On obtient 46 (52 / 56 / 64) m.
À 11,5 (14,5 / 16,5 / 20,5) cm de haut. tot., former l'arrondi en rab. de ch. côté :
2 ans : ts les 2 rgs : 1 x 2 m., 1 x 1 m., 10 rgs plus haut : 1 x 1 m., 8 rgs plus haut : 1 x 1 m., 10 rgs plus haut : 1 x 1 m. et 2 rgs plus haut : 1 x 2 m.
4 ans : ts les 2 rgs : 1 x 2 m., 2 x 1 m., 10 rgs plus haut : 1 x 1 m., 8 rgs plus haut : 1 x 1 m., 10 rgs plus haut : 1 x 1 m., ts les 2 rgs : 1 x 1 m. et 1 x 2 m.
6 ans : ts les 2 rgs : 1 x 2 m., 3 x 1 m., 10 rgs plus haut : 1 x 1 m., 8 rgs plus haut : 1 x 1 m., 10 rgs plus haut : 1 x 1 m., et ts les 2 rgs : 2 x 1 m. et 1 x 2 m.
8 ans : ts les 2 rgs : 2 x 2 m., 3 x 1 m., 10 rgs plus haut : 1 x 1 m., 8 rgs plus haut : 1 x 1 m., 10 rgs plus haut : 1 x 1 m., et ts les 2 rgs : 2 x 1 m. et 2 x 2 m.
Il reste 32 m.
À 22,5 (26,5 / 29,5 / 35) cm de haut. tot., former les fronces de la façon suivante :
tric. 4 m. end. puis faire 8 dim. doubles verticales (voir pts employés) et 4 m. end.
À 23 (27 / 30 / 35,5) cm de haut. tot., rab. souplement les 16 m. restantes.
Tric. la seconde manche semblable.

Finition encolure

Monter 11 m., aig. n° 3,5, tric. en jersey pendant 110 (112 / 115 / 117) cm puis rab.

ASSEMBLAGE ET FINITIONS

Faire les coutures des épaules, des côtés (en prenant 1 demi-maille pour le raccord) et des manches en inversant la couture du bas des manches sur 1 cm pour le roulotté. Monter celles-ci aux emmanch.
Maintenir le roulotté au fil à coudre. Coudre la bande de finition d'encol. en grafting en faisant coïncider le milieu de la bande avec le milieu de l'encol. dos.

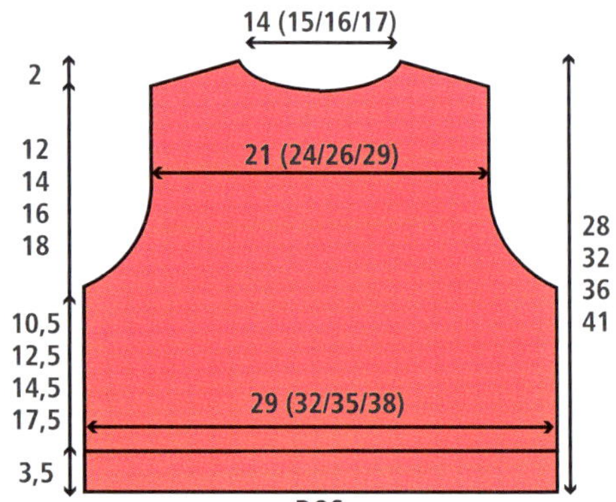

DOS

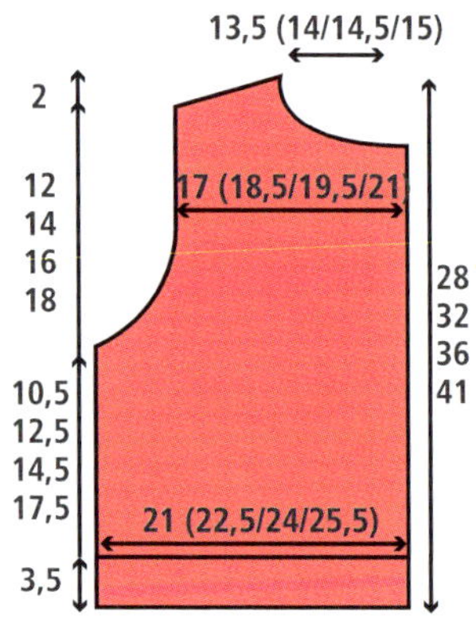

DEMI-DEVANT DROIT

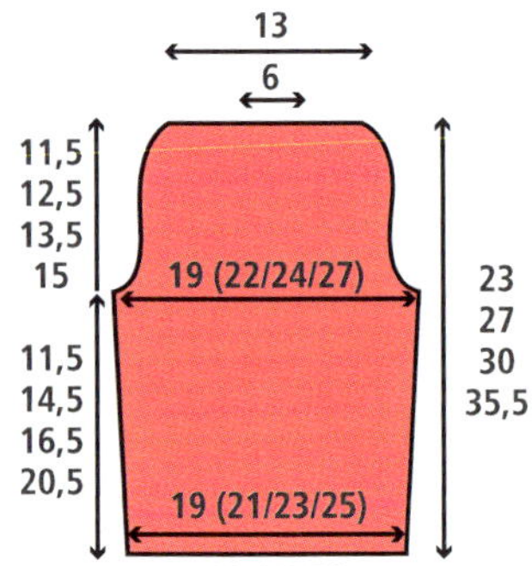

MANCHES

22 23

Snood et pull

Snood à pompons au point fantaisie et côtes 2/2.
Pull en jersey et côtes 1/1 orné de nœuds. Qualités Iliade et Lambswool.

22 Snood

TAILLES
2/4 ans (6/8 ans / 10 ans)

FOURNITURES
Qualité Iliade de Phildar (70 % acrylique et 30 % laine) : 2 (2 / 3 / 3 / 3) pelotes coloris Noir ; 1 (1 / 1 / 1 / 1) pelote coloris Rubis ; 1 (1 / 1 / 1 / 1) pelote coloris Lin • Aiguilles n° 3,5 et n° 4

POINTS EMPLOYÉS
Côtes 2/2
Point fantaisie : voir diagramme et légendes

ÉCHANTILLON
Il est indispensable à la réalisation d'un tricot aux bonnes dimensions.
10 cm de pt fantaisie, aig. n° 4 = 18 m. et 29 rgs

RÉALISATION
Monter 82 (94 / 102) m., col. Noir, aig. n° 3,5, tric. en côtes 2/2 en commençant et en terminant le 1er rg et ts les rgs impairs (end. du trav.) par 2 m. end. pendant 3 cm.
Continuer en pt fantaisie (voir diagramme), aig. n° 4, en faisant 1 augm. (1 dim. / 1 augm.) sur le 1er rg.
On a 83 (93 / 103) m.
À 19 (24 / 29) cm de haut. après les côtes, tric. en côtes 2/2 en faisant 1 dim. (1 augm. / 1 dim.) sur le 1er rg, en commençant et en terminant le 1er rg et ts les rgs impairs (end. du trav.) par 2 m. end.
À 27 (32 / 37) cm de haut. après les côtes du bas, rab. souplement ttes les m.

ASSEMBLAGE ET FINITIONS
Faire la couture du côté en l'inversant pour le revers du snood.
Confectionner une bande de tricotin, col. Lin, d'environ 30 cm.
Confectionner 2 pompons, col. Rubis, d'environ 3 cm de diamètre.
Fixer un pompon de ch. côté de la bande de tricotin.
Faire un petit nœud avec la bande de tricotin et le fixer sur le revers du snood (voir photo).

12

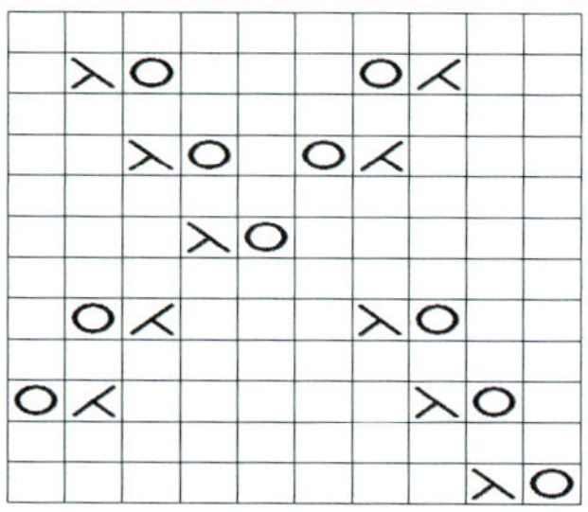

1

10 m.

Répéter les 10 m. et 12 rgs du diagramme

m. end. sur l'end. ou m. env. sur l'env.

O **jeté**

⋋ **surjet simple : glisser 1 m. à l'end., tric. la m. suivante à l'end., passer la m. glissée sur la m. tric.**

⋌ **2 m. ens. à l'end.**

23 Pull

TAILLES
2 ans (4 ans / 6 ans / 8 ans / 10 ans)

FOURNITURES
Qualité Lambswool de Phildar (51 % laine d'agneau et 49 % acrylique) : 3 (4 / 5 / 6 / 7) pelotes coloris Vésuve • Aiguilles n° 2,5 et n° 3

POINTS EMPLOYÉS
Côtes 1/1
Jersey

ÉCHANTILLON
Il est indispensable à la réalisation d'un tricot aux bonnes dimensions.
10 cm de jersey, aig. n° 3 = 26 m. et 35 rgs

RÉALISATION
Dos
Monter 72 (80 / 88 / 94 / 100) m., aig. n° 2,5, tric. en côtes 1/1 pendant 8 cm.
Continuer en jersey, aig. n° 3.
À 5 (7 / 9 / 11 / 14) cm de haut. après les côtes, former les emmanch. en rab. de ch. côté ts les 2 rgs :
2 et 4 ans : 1 x 4 m., 1 x 3 m., 1 x 2 m. et 1 x 1 m.
6 et 8 ans : 1 x 4 m., 1 x 3 m., 1 x 2 m. et 3 x 1 m.
10 ans : 1 x 4 m., 1 x 3 m., 2 x 2 m. et 2 x 1 m.
Il reste 52 (60 / 64 / 70 / 74) m.
À 17 (21 / 25 / 28 / 32) cm de haut. après les côtes, former les épaules en rab. de ch. côté ts les 2 rgs :
2 ans : 5 x 2 m.
4 ans : 2 x 2 m. et 3 x 3 m.
6 ans : 1 x 2 m. et 4 x 3 m.
8 ans : 5 x 3 m.
10 ans : 3 x 3 m. et 2 x 4 m.
En même temps, former l'encol. en rab. les 8 (10 / 12 / 16 / 16) m. centr. puis continuer un côté à la fs en rab. côté encol. ts les 2 rgs : 3 x 4 m.
Terminer le second côté de l'encol.

Devant
Tric. comme au dos jusqu'aux emmanch.
Il reste 52 (60 / 64 / 70 / 74) m.
À 15 (19 / 22 / 25 / 29) cm de haut. après les côtes, former l'encol. en rab. les 6 (8 / 10 / 14 / 14) m. centr. puis continuer un côté à la fs en rab. côté encol. ts les 2 rgs :
2 et 4 ans : 1 x 4 m., 1 x 3 m., 2 x 2 m. et 2 x 1 m.
6, 8 et 10 ans : 1 x 4 m., 1 x 3 m., 2 x 2 m., 1 x 1 m. et 4 rgs plus haut : 1 x 1 m.
À 17 (21 / 25 / 28 / 32) cm de haut. après les côtes, former l'épaule en rab. côté emmanch. ts les 2 rgs :
2 ans : 5 x 2 m.
4 ans : 2 x 2 m. et 3 x 3 m.
6 ans : 1 x 2 m. et 4 x 3 m.
8 ans : 5 x 3 m.
10 ans : 3 x 3 m. et 2 x 4 m.
Terminer le second côté de l'encol.

Manches

Monter 44 (46 / 48 / 52 / 54) m., aig. n° 2,5, tric. en côtes 1/1 pendant 3 cm.

Continuer en jersey, aig. n° 3, en faisant de ch. côté à 1 m. des bords :

2 ans : 32 rgs plus haut : 1 x 1 augm.

4 ans : ts les 16 rgs : 4 x 1 augm.

6 ans : ts les 14 rgs : 4 x 1 augm. et ts les 12 rgs : 2 x 1 augm.

8 ans : ts les 16 rgs : 3 x 1 augm. et ts les 14 rgs : 3 x 1 augm.

10 ans : ts les 14 rgs : 4 x 1 augm. et ts les 12 rgs : 4 x 1 augm.

On obtient 46 (54 / 60 / 64 / 70) m.

À 18 (22 / 26 / 29,5 / 33) cm de haut après les côtes, former l'arrondi en rab. de ch. côté ts les 2 rgs :

2 ans : 1 x 2 m., 4 x 1 m., ts les 4 rgs : 4 x 1 m., ts les 2 rgs : 4 x 1 m. et 1 x 2 m.

4 ans : 1 x 2 m., 8 x 1 m., 4 rgs plus haut : 1 x 1 m., ts les 2 rgs : 7 x 1 m. et 1 x 2 m.

6 ans : 2 x 2 m., 7 x 1 m., ts les 4 rgs : 2 x 1 m., ts les 2 rgs : 6 x 1 m. et 2 x 2 m.

8 ans : 2 x 2 m., 8 x 1 m., ts les 4 rgs : 2 x 1 m., ts les 2 rgs : 7 x 1 m. et 2 x 2 m.

10 ans : 3 x 2 m., 7 x 1 m., ts les 4 rgs : 3 x 1 m. et ts les 2 rgs : 6 x 1 m. et 3 x 2 m.

À 28 (33 / 38 / 42,5 / 47) cm de haut. après les côtes, rab. les 14 m. restantes.

Tric. la seconde manche semblable.

Bande d'encolure
Monter 100 (104 / 108 / 112 / 112) m., aig. n° 2,5, tric. en côtes 1/1 pendant 3 cm puis faire 1 rg end. sur l'end. et quelques rgs de jersey d'un autre coloris.
Repasser ces rgs, il suffira de les détricoter au moment du montage pour retrouver le coloris de base.

Nœuds
Monter 7 m., aig. n° 2,5, tric. en côtes 1/1 pendant 35 cm puis rab.
Tric. une seconde bande semblable.

ASSEMBLAGE ET FINITIONS
Faire les coutures des épaules, des côtés et des manches.
Monter celles-ci aux emmanch.
Coudre la bande d'encol., m. par m., à pts arrière sur l'end. du trav.
Confectionner un nœud avec les bandes de côtes et les fixer sur le côté gauche du devant (voir photo).

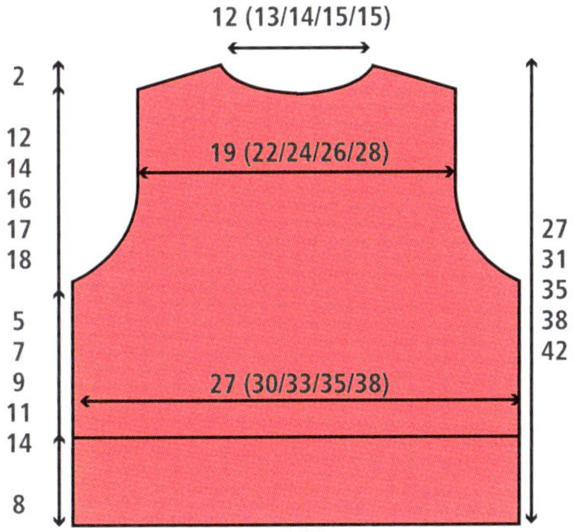

DOS

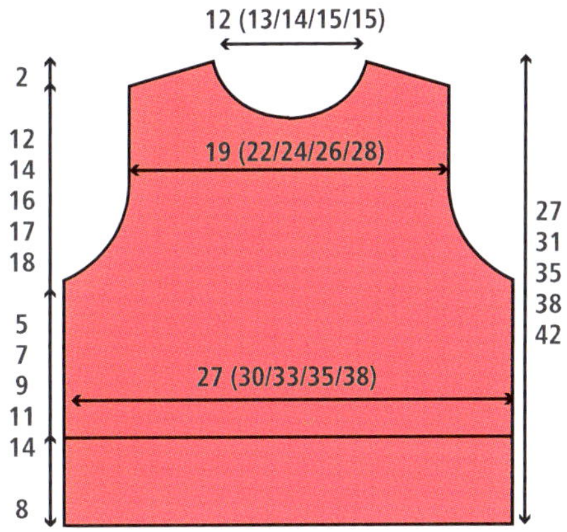

DEVANT

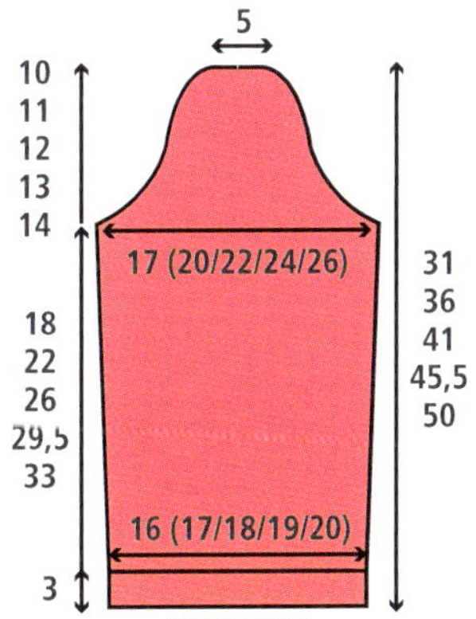

MANCHES

24 Gilet

Long, avec des glands, réalisé au point de sable. Qualité Partner 6.

25 Pull

Tricoté en jersey rayé et côtes 1/1.
Qualité Partner 3,5.

24 Gilet

TAILLES
2 ans (4 ans / 6 ans / 8 ans / 10 ans)

FOURNITURES
Qualité Partner 6 de Phildar (50 % polyamide, 25 % laine peignée et 25 % acrylique) : 7 (9 / 10 / 11 / 13) pelotes coloris Mûre • Aiguilles n° 5,5 • Crochet n° 4

POINTS EMPLOYÉS
Point de sable :

1er rg (end. du trav.) : tric. ttes les m. à l'end.

2e rg : 1 m. lis., 1 m. env., *1 m. end., 1 m. env.*, répéter de * à * et terminer par 1 m. lis.

Répéter tjs ces 2 rgs

Maille en l'air ou maille chaînette

ÉCHANTILLON
Il est indispensable à la réalisation d'un tricot aux bonnes dimensions.
10 cm de pt de sable, aig. n° 5,5 = 17 m. et 23 rgs

RÉALISATION
Dos
Monter 57 (61 / 67 / 69 / 75) m., aig. n° 5,5, tric. au pt de sable.
À 21 (23 / 25 / 27 / 30) cm de haut. tot., marquer les m. lis. d'un fil de couleur pour repérer les emmanch.
À 34 (38 / 42 / 45 / 49) cm de haut. tot., marquer les 25 (27 / 29 / 31 / 33) m. centr. d'un fil de couleur pour repérer l'encol. puis rab. souplement ttes les m.

Demi-devant droit
Monter 59 (61 / 63 / 65 / 67) m., aig. n° 5,5, tric. au pt de sable.
À 21 (23 / 25 / 27 / 30) cm de haut. tot., marquer la m. lis. gauche d'un fil de couleur pour repérer l'emmanch.
À 34 (38 / 42 / 45 / 49) cm de haut. tot., marquer les 43 (44 / 44 / 46 / 46) m. de droite d'un fil de couleur pour repérer l'encol. puis rab. souplement ttes les m.
Tric. le demi-devant gauche en sens inverse.

Manches
Monter 31 (33 / 35 / 37 / 39) m., aig. n° 5,5, tric. au pt de sable en augm. de ch. côté :
2 ans : ts les 8 rgs : 4 x 1 augm. et ts les 6 rgs : 3 x 1 augm.
4 ans : ts les 8 rgs : 3 x 1 augm. et ts les 6 rgs : 6 x 1 augm.
6 ans : ts les 6 rgs : 12 x 1 augm.
8 ans : ts les 8 rgs : 4 x 1 augm. et ts les 6 rgs : 8 x augm.
10 ans : ts les 8 rgs : 5 x 1 augm. et ts les 6 rgs : 8 x 1 augm.
À 24 (28,5 / 33 / 37 / 40,5) cm de haut. tot., rab. les 45 (51 / 59 / 61 / 65) m. souplement.
Tric. la seconde manche semblable.

ASSEMBLAGE ET FINITIONS
Faire les coutures des épaules. Monter les manches aux emmanch. entre les fils de couleurs. Faire les coutures des côtés. Confectionner 4 glands d'environ 6 cm (longueur terminés). Avec le crochet n° 4, confectionner une chaînette en haut du demi-devant droit d'environ 6 cm puis fixer le gland. Faire le même travail en bas du demi-devant droit.
Faire le même travail sur le demi-devant gauche.

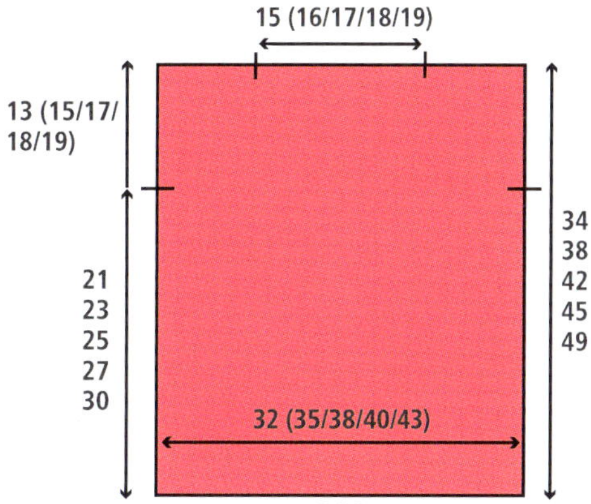

DOS

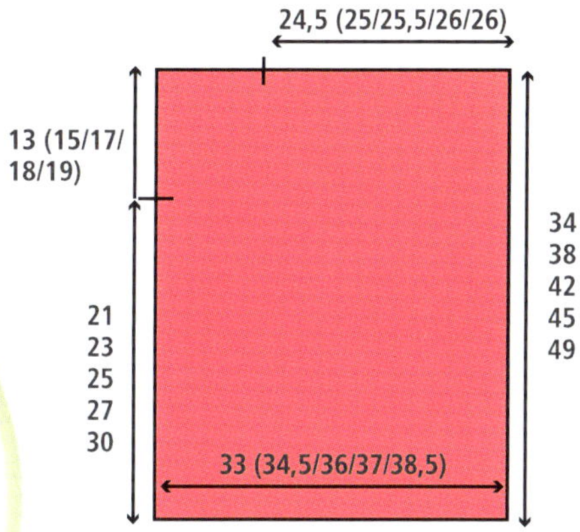

DEMI-DEVANT DROIT

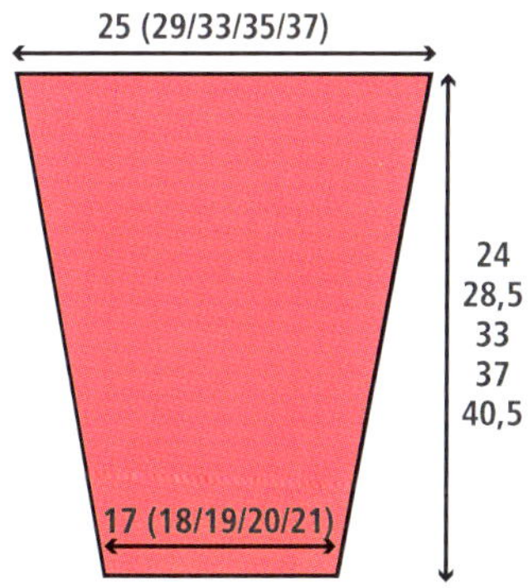

MANCHES

25 Pull

TAILLES
2 ans (4 ans / 6 ans / 8 ans / 10 ans)

FOURNITURES
Qualité Partner 3,5 de Phildar (50 % polyamide, 25 % laine peignée et 25 % acrylique) : 2 (2 / 2 / 3 / 3) pelotes coloris Marine ; 2 (2 / 2 / 3 / 3) pelotes coloris Oxygène ; 1 (2 / 2 / 2 / 2) pelotes coloris Acier ; 2 (2 / 2 / 2 / 2) pelotes coloris Blanc • Aiguilles n° 3 et n° 3,5 • 3 boutons

POINTS EMPLOYÉS
Côtes 1/1

Jersey rayé : *10 rgs col. Oxygène, 4 rgs col. Blanc, 2 rgs col. Acier, 10 rgs col. Marine, 2 rgs col. Acier, 4 rgs col. Blanc*, répéter de * à * soit 32 rgs au tot.

ÉCHANTILLON
Il est indispensable à la réalisation d'un tricot aux bonnes dimensions.
10 cm de jersey rayé, aig. n° 3,5 = 23 m. et 30 rgs

RÉALISATION
Dos

Monter 74 (80 / 88 / 92 / 98) m., col. Oxygène, aig. n° 3, tric. en côtes 1/1 pendant 1 cm.
Continuer en jersey rayé (voir pts employés), aig. n° 3,5.
À 23 (25 / 27 / 29 / 32) cm de haut. après les côtes (on a tric. : **2 ans :** 6 rgs col. Oxygène / **4 ans :** 2 rgs col. Blanc / **6 ans :** 2 rgs col. Marine / **8 ans :** 8 rgs col. Marine / **10 ans :** 4 rgs col. Blanc), former les emmanch. en rab. de ch. côté ts les 2 rgs :
2 et 4 ans : 1 x 3 m., 2 x 2 m. et 1 x 1 m.
6 et 8 ans : 1 x 3 m., 2 x 2 m. et 2 x 1 m.
10 ans : 1 x 4 m., 1 x 3 m., 1 x 2 m. et 1 x 1 m.
Il reste 58 (64 / 70 / 74 / 78) m.
À 37 (41 / 45 / 48 / 52) cm de haut. après les côtes, former les épaules en rab. de ch. côté ts les 2 rgs :
2 ans : 1 x 3 m. et 3 x 4 m.
4 ans : 3 x 4 m. et 1 x 5 m.
6 ans : 1 x 4 m. et 3 x 5 m.
8 ans : 4 x 5 m.
10 ans : 2 x 5 m. et 2 x 6 m.
En même temps, former l'encol. en rab. les 8 (10 / 12 / 14 / 14) m. centr. puis continuer un côté à la fs en rab. côté encol. ts les 2 rgs : 2 x 5 m.
Terminer le second côté de l'encol.

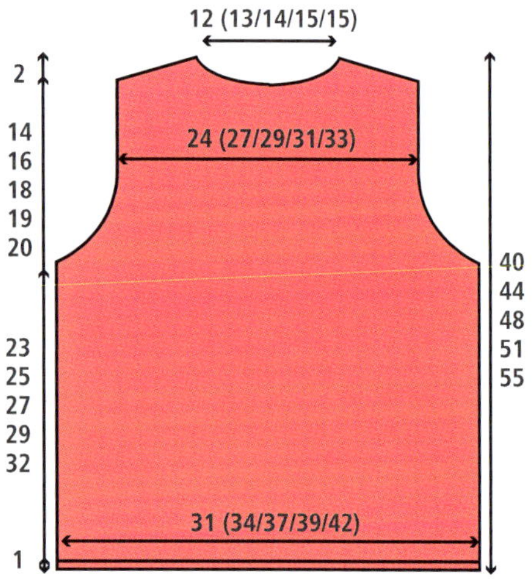

DOS

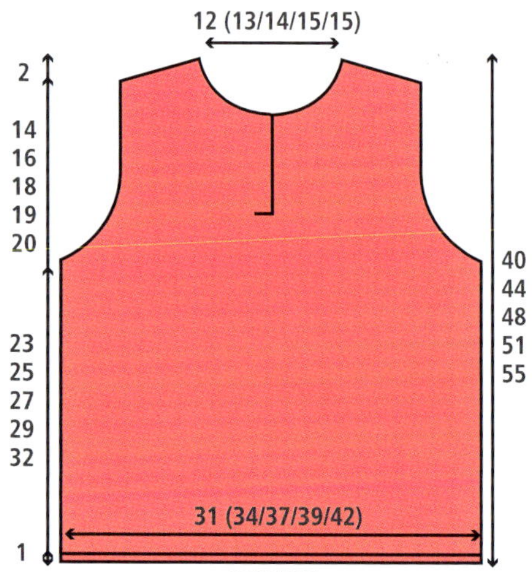

DEVANT

Devant

Tric. comme au dos jusqu'aux emmanch.

Il reste 58 (64 / 70 / 74 / 78) m.

À 25 (29 / 32 / 35 / 39) cm de haut. après les côtes, former une ouverture de la façon suivante :

laisser les 32 (35 / 38 / 40 / 42) m. de gauche en attente et tric. sur les 26 (29 / 32 / 34 / 36) premières m. en ajoutant 6 m. côté séparation.

On a 32 (35 / 38 / 40 / 42) m.

À 35 (39 / 42 / 45 / 49) cm de haut. après les côtes, former l'encol. en rab. côté ouverture ts les 2 rgs :

2 ans : 1 x 9 m., 1 x 3 m., 1 x 2 m. et 3 x 1 m.

4 ans : 1 x 10 m., 1 x 3 m., 1 x 2 m. et 3 x 1 m.

6 ans : 1 x 10 m., 1 x 3 m., 1 x 2 m. et 4 x 1 m.

8 et 10 ans : 1 x 10 m., 1 x 3 m., 2 x 2 m. et 3 x 1 m.

À 37 (41 / 45 / 48 / 52) cm de haut. après les côtes, former l'épaule en rab. côté emmanch. ts les 2 rgs :

2 ans : 1 x 3 m. et 3 x 4 m.

4 ans : 3 x 4 m. et 1 x 5 m.

6 ans : 1 x 4 m. et 3 x 5 m.

8 ans : 4 x 5 m.

10 ans : 2 x 5 m. et 2 x 6 m.

Reprendre les 32 (35 / 38 / 40 / 42) m. laissées en attente.

À 27 (31 / 34 / 37 / 41) de haut. après les côtes, former 1 boutonnière de 3 rgs à 3 m. du bord.

À 29,5 (33,5 / 36,5 / 39,5 / 43,5) cm de haut. après les côtes, former 1 boutonnière de 3 rgs à 3 m. du bord.

À 32 (36 / 39 / 42 / 46) cm de haut. après les côtes, former 1 boutonnière de 3 rgs à 3 m. du bord.

À 35 (39 / 42 / 45 / 49) cm de hauteur après les côtes, terminer l'encol. comme précédemment.

Manches

Monter 46 (48 / 50 / 52 / 54) m, col. Marine, aig. n° 3, tric. en côtes 1/1 pendant 1 cm.
Continuer en jersey rayé, aig. n° 3,5, en commençant de la façon suivante :
2 ans : jersey rayé (voir pts employés)
4 ans : 4 rgs col. Blanc puis répéter les rgs du jersey rayé (voir pts employés)
6 ans : 4 rgs col. Marine, 2 rgs col. Acier, 4 rgs col. Blanc puis répéter les rgs du jersey rayé (voir pts employés)
8 ans : 8 rgs col. Marine, 2 rgs col. Acier, 4 rgs col. Blanc puis répéter les rgs du jersey rayé (voir pts employés)
10 ans : 10 rgs col. Marine, 2 rgs col. Acier, 4 rgs col. Blanc puis répéter les rgs du jersey rayé (voir pts employés)
Faire de ch. côté à 1 m. des bords :
2 ans : ts les 6 rgs : 10 x 1 augm. et 4 rgs plus haut : 1 x 1 augm.
4 ans : ts les 6 rgs : 10 x 1 augm. et ts les 4 rgs : 4 x 1 augm.
6 ans : ts les 6 rgs : 14 x 1 augm. et 4 rgs plus haut : 1 x 1 augm.
8 ans : ts les 6 rgs : 16 x 1 augm.
10 ans : ts les 6 rgs : 18 x 1 augm.
On obtient 68 (76 / 80 / 84 / 90) m.
À 22,5 (26,5 / 30,5 / 34 / 37,5) cm de haut. après les côtes (on a tric. : **2 ans :** 6 rgs col. Oxygène / **4 ans :** 2 rgs col. Blanc / **6 ans :** 2 rgs col. Marine / **8 ans :** 8 rgs col. Marine / **10 ans :** 4 rgs col. Blanc), former l'arrondi en rab. de ch. côté ts les 2 rgs :
2 ans : 2 x 3 m., 7 x 2 m. et 2 x 3 m.
4 ans : 3 x 3 m., 6 x 2 m. et 3 x 3 m.
6 ans : 2 x 3 m., 10 x 2 m. et 2 x 3 m.
8 ans : 2 x 3 m., 11 x 2 m. et 2 x 3 m.
10 ans : 2 x 3 m., 6 x 2 m., 1 x 1 m., 6 x 2 m. et 2 x 3 m.
À 29,5 (34,5 / 39,5 / 44 / 48,5) cm de haut. après les côtes, rab. les 16 m. restantes.
Tric. la seconde manche semblable.

Col

Monter 81 (85 / 89 / 93 / 97) m., col. Acier, tric. en côtes 1/1 en commençant et en terminant le 1er rg et ts les rgs impairs (end. du trav.) par 2 m. end. pendant 6 cm puis faire un rg end. sur l'end. et quelques rgs de jersey d'un autre coloris.
Repasser ces rgs, il suffira de les détricoter au moment du montage pour retrouver le coloris de base.

ASSEMBLAGE ET FINITIONS

Faire les coutures des épaules, des côtés et des manches. Monter celles-ci aux emmanch. Coudre le col, m. par m., à pts arrière sur l'end. du trav. Coudre les boutons.

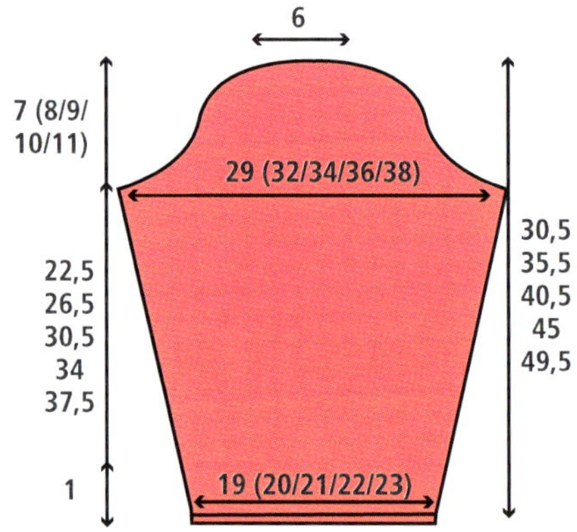

MANCHES

btwin

26 Pull

Encolure V, jersey rayé multicolore, finitions côtes 1/1. Qualité Partner 3,5.

27 28 Veste et bonnet

Veste à capuche, bordures contrastées, en torsades et côtes 2/2. Qualité Cabotine. Jeu de rayures en jersey envers pour le bonnet. Qualité Partner 3,5.

26 Pull

TAILLES
2 ans (4 ans / 6 ans / 8 ans / 10 ans)

FOURNITURES
Qualité Partner 3,5 de Phildar (50 % polyamide, 25 % laine peignée et 25 % acrylique) : 3 (3 / 3 / 4 / 5) pelotes coloris Brume ; 1 (1 / 1 / 1 / 1) pelote coloris Army ; 1 (1 / 1 / 2 / 2) pelotes coloris Châtaigne ; 1 (1 / 1 / 1 / 1) pelote coloris Pensée ; 1 (1 / 1 / 1 / 2) pelotes coloris Noir
• Aiguilles n° 3 et n° 3,5

POINTS EMPLOYÉS
Côtes 1/1
Jersey rayé : *6 rgs col. Noir, 6 rgs col. Brume, 6 rgs col. Châtaigne, 6 rgs col. Brume, 6 rgs col. Army, 6 rgs col. Brume, 6 rgs col. Pensée, 6 rgs col. Brume*, répéter de * à * soit 48 rgs au tot.
Diminution simple à 1 maille des bords :
À droite : 1 m. end., 2 m. ens. à l'end.
À gauche : tric. ttes les m. sauf 3, faire un surjet simple (glisser 1 m. à l'end., tric. la m. suivante à l'end., passer la m. glissée sur la m. tric.), 1 m. end.
Diminution double à 1 maille des bords :
À droite : 1 m. end., 3 m. ens. à l'end.
À gauche : tric. ttes les m. sauf 4, faire un surjet double (glisser 1 m. à l'end., tric. les 2 m. suivantes ens. à l'end., passer la m. glissée sur la m. obtenue), 1 m. end.
Diminution double verticale : glisser 2 m. comme pour les tric. ens. à l'end., reprendre sur l'aig. gauche la 1re des 2 m. en passant derrière la 2e, tric. ens. à l'end. la 3e et la 1re m. puis passer la 2e m. sur la m. obtenue

ÉCHANTILLON
Il est indispensable à la réalisation d'un tricot aux bonnes dimensions.
10 cm de jersey rayé, aig. n° 3,5 = 23 m. et 30 rgs

RÉALISATION

Dos

Monter 76 (82 / 90 / 94 / 100) m., col. Brume, aig. n° 3, tric. en côtes 1/1 pendant 5 cm puis faire un rg env. sur l'env.
Continuer en jersey rayé (voir pts employés), aig. n° 3,5.
À 18 (20/ 22 / 24 / 27) cm de haut. après les côtes (on a tric. : **2 ans :** 6 rgs col. Noir. / **4 ans :** 6 rgs col. Brume / **6 ans :** 6 rgs col. Châtaigne / **8 ans :** 6 rgs col. Brume / **10 ans :** 6 rgs col. Army et 4 rgs col. Brume), former les emmanch. en rab. de ch. côté ts les 2 rgs :
2 ans : 1 x 4 m., 1 x 3 m., 1 x 2 m. et 2 x 1 m.
4 ans : 1 x 4 m., 1 x 3 m., 1 x 2 m. et 1 x 1 m.
6 ans : 1 x 4 m., 1 x 3 m., 2 x 2 m. et 1 x 1 m.
8 ans : 1 x 4 m., 1 x 3 m., 1 x 2 m. et 2 x 1 m.
10 ans : 1 x 4 m., 1 x 3 m., 2 x 2 m. et 1 x 1 m.
Il reste 54 (62 / 66 / 72 / 76) m.
À 31 (35 / 39 / 42 / 46) cm de haut. après les côtes, former les épaules en rab. de ch. côté ts les 2 rgs :
2 ans : 1 x 2 m. et 3 x 3 m.
4 ans : 2 x 3 m. et 2 x 4 m.
6 ans : 1 x 3 m. et 3 x 4 m.
8 ans : 4 x 4 m.
10 ans : 3 x 4 m. et 1 x 5 m.
En même temps, former l'encol. en rab. les 10 (12 / 14 / 18 / 20) m. centr. puis continuer un côté à la fs en rab. côté encol. ts les 2 rgs : 1 x 6 m. et 1 x 5 m.
Terminer le second côté de l'encol.

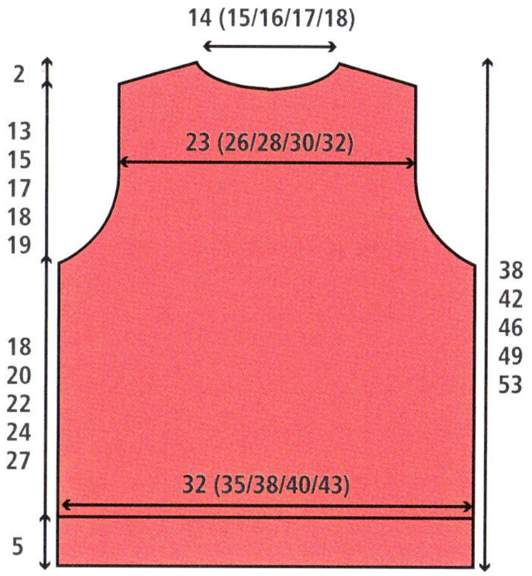

DOS

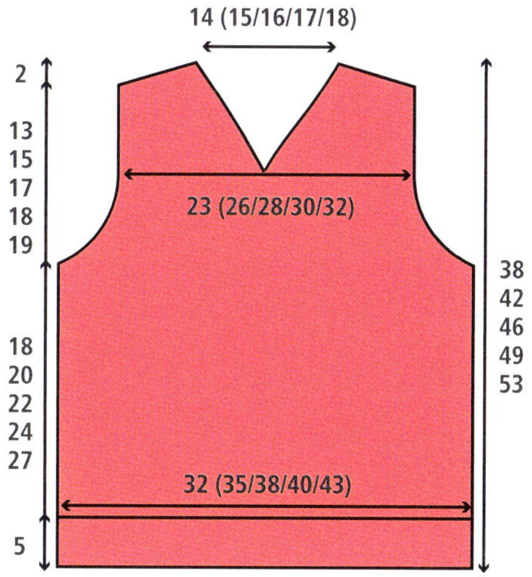

DEVANT

Devant

Tric. comme au dos jusqu'aux emmanch.
Il reste 54 (62 / 66 / 72 / 76) m.
À 22 (26 / 29 / 32 / 36) cm de haut. après les côtes, former l'encol. en séparant le trav. en deux puis continuer un côté à la fs en faisant, côté séparation, à 1 m. du bord :
2 ans : 2 rgs plus haut : 1 x 1 dim. simple puis ts les 2 rgs : 15 x 1 dim. simple
4 ans : 2 rgs plus haut : 1 x 1 dim. double puis ts les 2 rgs : 15 x 1 dim. simple
6 ans : 2 rgs plus haut : 1 x 1 dim. double puis ts les 2 rgs : 16 x 1 dim. simple
8 ans : 2 rgs plus haut : 1 x 1 dim. double puis ts les 2 rgs : 2 x 1 dim. double et 14 x 1 dim. simple
10 ans : 2 rgs plus haut : 1 x 1 dim. double puis ts les 2 rgs : 3 x 1 dim. double et 13 x 1 dim. simple

Pull (suite)

À 31 (35 / 39 / 42 / 46) cm de haut. après les côtes, former l'épaule en rab. côté emmanch. ts les 2 rgs :

2 ans : 1 x 2 m. et 3 x 3 m.

4 ans : 2 x 3 m. et 2 x 4 m.

6 ans : 1 x 3 m. et 3 x 4 m.

8 ans : 4 x 4 m.

10 ans : 3 x 4 m. et 1 x 5 m.

Terminer le second côté de l'encol.

Manches

Monter 46 (48 / 50 / 52 / 54) m., col. Brume, aig. n° 3, tric. en côtes 1/1 pendant 5 cm puis faire un rg env. sur l'env.

Continuer en jersey rayé, aig. n° 3,5 en commençant par :

2 ans : 2 rgs col. Châtaigne, 6 rgs col. Brume, 6 rgs col. Army, 6 rgs col. Brume, 6 rgs col. Pensée, 6 rgs col. Brume puis répéter de * à * les pts employés.

4 ans : 2 rgs col. Brume, 6 rgs col. Châtaigne, 6 rgs col. Brume, 6 rgs col. Army, 6 rgs col. Brume, 6 rgs col. Pensée, 6 rgs col. Brume puis répéter de * à * les pts employés.

6 ans : 2 rgs col. Noir, 6 rgs col. Brume, 6 rgs col. Châtaigne, 6 rgs col. Brume, 6 rgs col. Army, 6 rgs col. Brume, 6 rgs col. Pensée, 6 rgs col. Brume puis répéter de * à * les pts employés.

8 et 10 ans : répéter de * à * les pts employés.

En même temps, faire de ch. côté à 1 m. des bords :

2 ans : ts les 8 rgs : 4 x 1 augm.

4 ans : 8 rgs plus haut : 1 x 1 augm. et ts les 6 rgs : 6 x 1 augm.

6 ans : ts les 8 rgs : 4 x 1 augm. et ts les 6 rgs : 4 x 1 augm.

8 ans : ts les 8 rgs : 3 x 1 augm. et ts les 6 rgs : 7 x 1 augm.

10 ans : ts les 8 rgs : 5 x 1 augm. et ts les 6 rgs : 6 x 1 augm.

On obtient 54 (62 / 66 / 72 / 76) m.

À 12,5 (16,5 / 20,5 / 24 / 27,5) cm de haut. après les côtes (on a tric. : **2 ans :** 6 rgs col. Noir. / **4 ans :** 6 rgs col. Brume / **6 ans :** 6 rgs col. Châtaigne / **8 ans :** 6 rgs col. Brume / **10 ans :** 6 rgs col. Army et 4 rgs col. Brume), former l'arrondi en rab. de ch. côté ts les 2 rgs :

2 ans : 2 x 2 m., 5 x 1 m., ts les 4 rgs : 2 x 1 m., ts les 2 rgs : 4 x 1 m. et 2 x 2 m.

4 ans : 3 x 2 m., 5 x 1 m., 4 rgs plus haut : 1 x 1 m., ts les 2 rgs : 5 x 1 m. et 3 x 2 m.

6 ans : 4 x 2 m., 3 x 1 m., ts les 4 rgs : 3 x 1 m., ts les 2 rgs : 3 x 1 m. et 4 x 2 m.

8 ans : 4 x 2 m., 6 x 1 m., 4 rgs plus haut : 1 x 1 m., ts les 2 rgs : 5 x 1 m. et 4 x 2 m.

10 ans : 5 x 2 m., 5 x 1 m., 4 rgs plus haut : 1 x 1 m., ts les 2 rgs : 4 x 1 m. et 5 x 2 m.

À 23,5 (28,5 / 33,5 / 38 / 42,5) cm de haut. après les côtes, rab. les 16 m. restantes.

Tric. la seconde manche semblable.

Bande d'encolure

Monter 105 (109 / 113 / 117 / 121) m., tric. quelques rgs de jersey d'un autre coloris, faire 2 rgs de jersey coloris Brume, puis continuer en côtes 1/1, en commençant et en terminant par 1 m. end. et en faisant à ch. rg au milieu du trav. 1 x 1 dim. double verticale.

À 2 cm de haut. de côtes, rab. souplement ttes les m.

ASSEMBLAGE ET FINITIONS

Faire les coutures des épaules, des côtés et des manches.

Monter celles-ci aux emmanch.

Coudre la bande d'encol., m. par m. à pts arrière sur l'end. du trav.

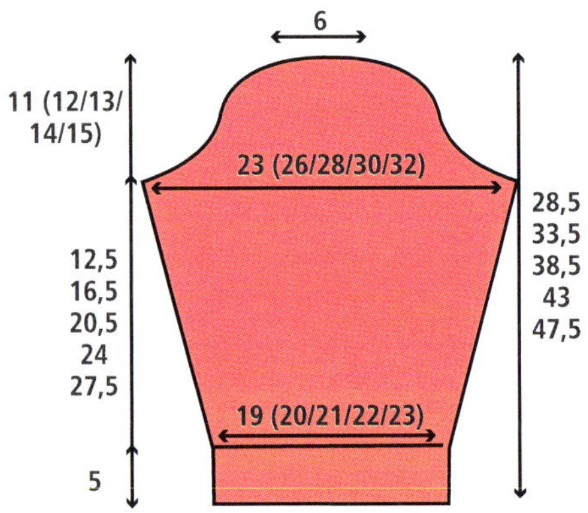

MANCHES

27 Veste

TAILLES
2 ans (4 ans / 6 ans / 8 ans / 10 ans)

FOURNITURES
Qualité Cabotine de Phildar (55 % coton et 45 % acrylique) : 7 (8 / 9 / 10 / 12) pelotes coloris Savane ; 1 (1 / 1 / 1 / 1) pelote coloris Hévéa • Aiguilles n° 3 et n° 3,5 • Aiguille à torsade • 6 boutons

POINTS EMPLOYÉS
Côtes 2/2
Point fantaisie : voir diagramme et légendes

ÉCHANTILLON
Il est indispensable à la réalisation d'un tricot aux bonnes dimensions.
10 cm de pt fantaisie, aig. n° 3,5 = 27 m. et 29 rgs

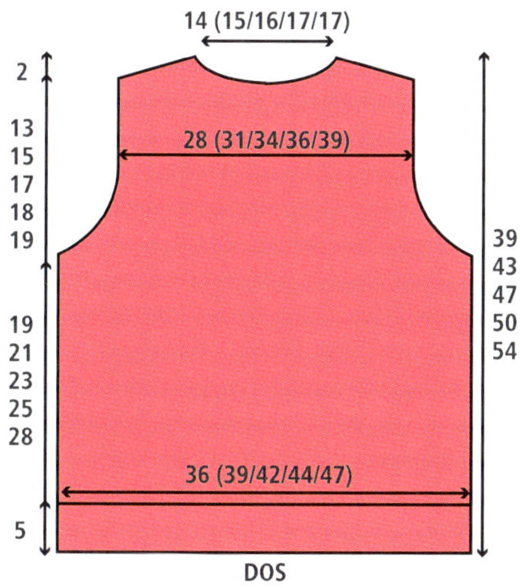

RÉALISATION
Dos
Monter 98 (114 / 114 / 118 / 126) m., aig. n° 3, col. Hévéa, tric. 2 rgs de côtes 2/2 en commençant et en terminant le 1er rg par 2 m. end.
Continuer en côtes 2/2, col. Savane.
À 5 cm de haut. tot., tric. en pt fantaisie, aig. n° 3,5, en répartissant 3 (0 / 0 / 2 / 2) augm. sur le 1er rg et en répétant tjs les 13 m. du diagramme.
On a 101 (114 / 114 / 120 / 128) m.
À 19 (21 / 23 / 25 / 28) cm de haut. après les côtes, former les emmanch. en rab. de ch. côté ts les 2 rgs :
2 ans : 1 x 4 m., 1 x 3 m., 1 x 2 m. et 3 x 1 m.
4 ans : 1 x 4 m., 2 x 3 m., 1 x 2 m. et 1 x 1 m.
6, 8 et 10 ans : 1 x 3 m., 2 x 2 m. et 3 x 1 m.
Il reste 77 (88 / 94 / 100 / 108) m.
À 32 (36 / 40 / 43 / 47) cm de haut. après les côtes, former les épaules en rab. de ch. côté ts les 2 rgs :
2 ans : 4 x 5 m.
4 ans : 4 x 6 m.
6 ans : 3 x 6 m. et 1 x 7 m.
8 ans : 1 x 6 m. et 3 x 7 m.
10 ans : 1 x 7 m. et 3 x 8 m.
En même temps, former l'encol. en rab. les 13 (16 / 20 / 22 / 22) m. centr. puis continuer un côté à la fs en rab. côté encol. ts les 2 rgs : 2 x 6 m.
Terminer le second côté de l'encol.

Demi-devant droit
Monter 47 (55 / 55 / 59 / 67) m., aig. n° 3, col. Hévéa, tric. 2 rgs de côtes 2/2 en commençant le 1er rg par 3 m. end. et en terminant par 2 m. end.
Continuer en côtes 2/2, col. Savane.
À 5 cm de haut. tot., tric. en pt fantaisie, aig. n° 3,5, en faisant 2 augm. (2 dim. / 2 dim. / 2 dim. / 2 dim.) sur le 1er rg et en plaçant les m. de la façon suivante :
2 et 10 ans : répéter les 13 m. du diagramme.
4 et 6 ans : 1 m. lis. puis répéter les 13 m. du diagramme.
8 ans : commencer à la 9e m. du diagramme (soit 2 m. env. et 3 m. end.), puis répéter les 13 m. du diagramme.
Il reste 49 (53 / 53 / 57 / 65) m.

À 19 (21 / 23 / 25 / 28) cm de haut. après les côtes, former l'emmanch. en rab. à gauche ts les 2 rgs :
2 ans : 1 x 4 m., 1 x 3 m., 1 x 2 m. et 3 x 1 m.
4 ans : 1 x 4 m., 2 x 3 m., 1 x 2 m. et 1 x 1 m.
6, 8 et 10 ans : 1 x 3 m., 2 x 2 m. et 3 x 1 m.
Il reste 37 (40 / 43 / 47 / 55) m.
À 28 (32 / 35 / 38 / 42) cm de haut. après les côtes, former l'encol. en rab. à droite ts les 2 rgs :
2 ans : 1 x 5 m., 1 x 4 m., 1 x 3 m., 1 x 2 m., 2 x 1 m. et 4 rgs plus haut : 1 x 1 m.
4 ans : 1 x 4 m., 2 x 3 m., 1 x 2 m. et 4 x 1 m.
6 ans : 1 x 5 m., 1 x 4 m., 1 x 3 m., 1 x 2 m., 3 x 1 m., 4 rgs plus haut : 1 x 1 m.
8 ans : 1 x 5 m., 1 x 4 m., 1 x 3 m., 2 x 2 m. et 4 x 1 m.
10 ans : 2 x 5 m., 1 x 4 m., 1 x 3 m., 2 x 2 m. et 3 x 1 m.
À 32 (36 / 40 / 43 / 47) cm de haut. après les côtes, former l'épaule en rab. côté emmanch. ts les 2 rgs :
2 ans : 4 x 5 m.
4 ans : 4 x 6 m.
6 ans : 3 x 6 m. et 1 x 7 m.
8 ans : 1 x 6 m. et 3 x 7 m.
10 ans : 1 x 7 m. et 3 x 8 m.
Tric. le demi-devant gauche en sens inverse.

Manches
Monter 54 (58 / 62 / 62 / 66) m., aig. n° 3, col. Hévéa, tric. 2 rgs de côtes 2/2, en commençant et en terminant le 1er rg par 2 m. end.
Continuer en côtes 2/2, col. Savane.
À 5 cm de haut. tot., tric. en pt fantaisie, aig. n° 3,5, en répartissant 1 augm. (1 augm. / 0 / 2 augm. / 1 dim.) sur le 1er rg et en plaçant les m. de la façon suivante :
2 ans : commencer à la 11e m. du diagramme puis répéter les 13 m. du diagramme.
4 ans : commencer à la 9e m. du diagramme puis répéter les 13 m. du diagramme.
6 ans : répéter les 13 m. du diagramme.
8 ans : commencer par 1 m. lis. puis répéter les 13 m. du diagramme.
10 ans : répéter les 13 m. du diagramme.
On a 55 (59 / 62 / 64 / 65) m.

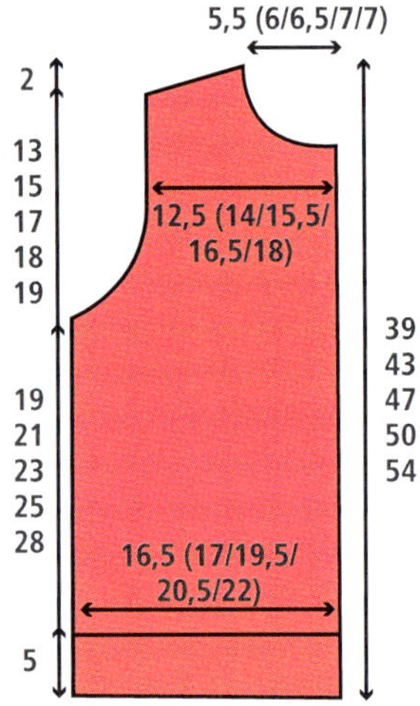

DEMI-DEVANT DROIT

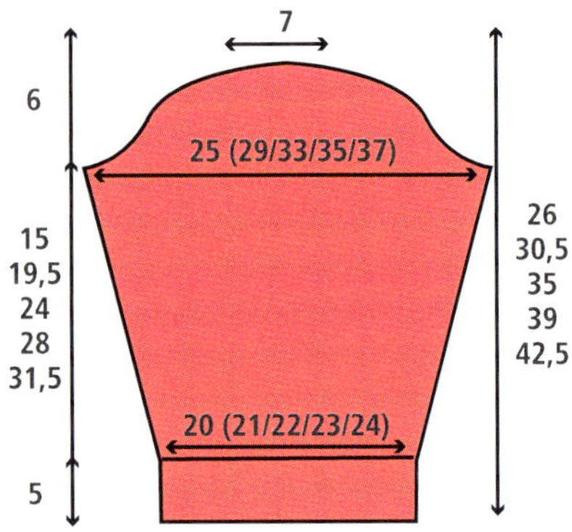

MANCHES

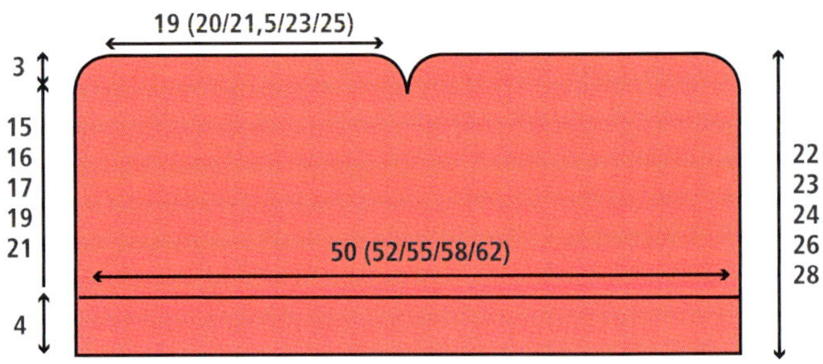

CAPUCHE

Faire de ch. côté (reconstituer le pt fantaisie au fur et à mesure des augm.) :
2 ans : ts les 6 rgs : 6 x 1 augm. et 4 rgs plus haut : 1 x 1augm.
4 ans : ts les 6 rgs : 4 x 1 augm. et ts les 4 rgs : 7 x 1 augm.
6 ans : ts les 6 rgs : 3 x 1 augm. et ts les 4 rgs : 12 x 1 augm.
8 ans : ts les 6 rgs : 7 x 1 augm. et ts les 4 rgs : 9 x 1 augm.
10 ans : ts les 6 rgs : 8 x 1 augm. et ts les 4 rgs : 10 x 1 augm.
On obtient : 69 (81 / 92 / 96 / 101) m.
À 15 (19,5 / 24 / 28 /31,5) cm de haut. après les côtes, former l'arrondi en rab. de ch. côté ts les 2 rgs :
2 ans : 1 x 4 m., 1 x 3 m., 5 x 2 m., 1 x 3 m. et 1 x 4 m.
4 ans : 2 x 4 m., 2 x 3 m., 1 x 2 m., 2 x 3 m. et 2 x 4 m.
6 ans : 2 x 5 m., 1 x 4 m., 3 x 3 m., 2 x 4 m. et 1 x 5 m.
8 ans : 1 x 6 m., 1 x 5 m., 1 x 4 m., 1 x 3 m., 1 x 2 m., 1 x 3 m., 1 x 4 m., 1 x 5 m. et 1 x 6 m.
10 ans : 1 x 6 m., 1 x 5 m., 2 x 4 m., 1 x 3 m., 2 x 4 m. et 2 x 5 m.
À 21 (25,5 / 30 / 34 / 37,5) cm de haut. après les côtes, rab. les 21 (21 / 20 / 20 / 21) m. restantes.
Tric. la seconde manche semblable.

Capuche
Monter 132 (140 / 152 / 156 / 164) m., aig. n° 3, col. Hévéa, tric. 2 rgs de côtes 2/2 en commençant et en terminant le 1er rg par 3 m. end.
Continuer en côtes 2/2, col. Savane.
À 4 cm de haut. tot., tric. en pt fantaisie, aig. n° 3,5, en faisant 1 (0 / 1 / 3 / 2) augm. sur le 1er rg et en plaçant les m. de la façon suivante :
2 et 8 ans : commencer à la 11e m. du diagramme puis répéter les 13 m. du diagramme.
4, 6 et 10 ans : répéter les 13 m. du diagramme.
On a 133 (140 / 153 / 159 / 166) m.
À 15 (16 / 17 / 19 / 21) cm de haut. après les côtes :
2, 6 et 8 ans : rab. la m. centr.
4 et 10 ans : séparer le trav. en deux puis continuer un côté à la fs en rab. de ch. côté ts les 2 rgs : 2 x 1 m. et 3 x 2 m.
À 18 (19 / 20 / 22 / 24) cm de haut. après les côtes, rab. les 50 (54 / 60 / 63 / 67) m. restantes.
Terminer le second côté de la capuche.

Veste (suite)

Bandes de boutonnage

Monter 92 (100 / 108 / 116 / 128) m., aig. n° 3, col. Hévéa, tric. 2 rgs de côtes 2/2 en commençant et en terminant le 1er rg par 3 m. end.
Continuer en côtes 2/2, col. Savane.
À 4 cm de haut. tot., faire un rg end. sur l'end. et quelques rgs de jersey d'un autre col.
Repasser ces rgs, il suffira de les détricoter au moment du montage pour retrouver le col. de base.
Tric. une seconde bande semblable en répartissant 6 boutonnières de 2 m. sur le 5e rg, la 1re à 2 (4 / 3 / 4 / 3) m. du bord, les suivantes espacées de 15 (16 / 18 / 19 / 22) m.

ASSEMBLAGE ET FINITIONS

Faire les coutures des épaules, des côtés et des manches.
Monter celles-ci aux emmanch. Coudre les bandes de boutonnage, m. par m., à pts arrière sur l'end. du trav. Fermer le fond de la capuche et la coudre autour de l'encol. en faisant correspondre les côtes de la capuche avec les côtes des bandes de boutonnage. Coudre les boutons.

Point fantaisie

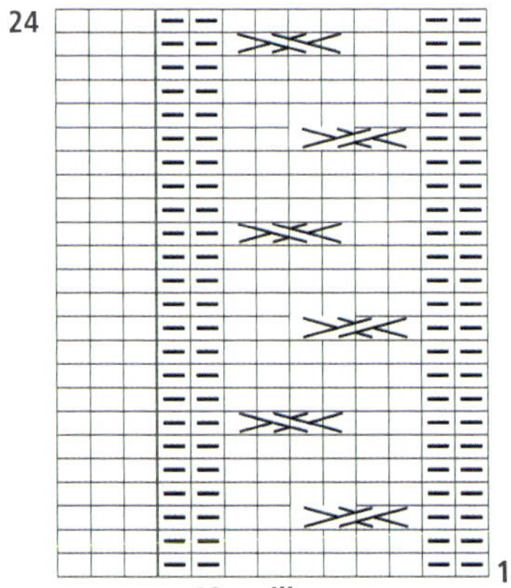

13 mailles

Répéter tjs les 24 rgs du diagramme

- **m. end. sur l'end. ou m. env. sur l'env.**
- **– m. env. sur l'end. ou m. endr. sur l'env.**

 **4 m. croisées vers la droite : glisser 2 m. sur une aig. à torsade placée derrière, tric. les 2 m. suivantes à l'end., puis les 2 m. de l'aig. à torsade**

 **4 m. croisées vers la gauche : glisser 2 m. sur une aig. à torsade placée devant, tric. les 2 m. suivantes à l'end., puis les 2 m. de l'aig. à torsade**

28 Bonnet

TAILLES
2/4 ans (6/8 ans / 10 ans)

FOURNITURES
Qualité Partner 3,5 de Phildar (50 % polyamide, 25 % laine peignée et 25 % acrylique) : 1 (1 / 1) pelote coloris Lichen ; 1 (1 / 1) pelote col. Châtaigne ; 1 (1 / 1) pelote col. Brume ; 1 (1 / 1) pelote col. Orge (ancien nom Miel) • Aiguilles n° 3,5

POINTS EMPLOYÉS
Jersey endroit rayé
Jersey envers rayé
Rayure : *1 rg col. Lichen, 1 rg col. Châtaigne, 1 rg col. Lichen, 1 rg col. Brume, 1 rg col. Lichen, 1 rg col. Orge*, répéter de * à * soit 6 rgs au tot.

ÉCHANTILLON
Il est indispensable à la réalisation d'un tricot aux bonnes dimensions.
10 cm de jersey env. rayé, aig. n° 3,5 = 23 m. et 30 rgs

RÉALISATION
Monter 94 (104 / 114) m., aig. n° 3,5, tric. en jersey end. rayé (voir pts employés) pendant 5 cm.
Continuer en jersey env. rayé en répartissant 10 augm. sur le 1er rg.
On a 104 (114 / 124) m.
À 9 (10 /11) cm de haut. après le jersey end., répartir des dim. de la façon suivante :
2/4 ans : 6 m. env., *2 m. ens. à l'env., 7 m. env.*, répéter de * à * 10 fs au tot. et terminer par 2 m. ens. à l'env. et 6 m. env.
6/8 ans : 6 m. env., *2 m. ens. à l'env., 8 m. env.*, répéter de * à * 10 fs au tot. et terminer par 2 m. ens. à l'env. et 6 m. env.
10 ans : 6 m. env., *2 m. ens. à l'env., 9 m. env.*, répéter de * à * 10 fs au tot. et terminer par 2 m. ens. à l'env. et 6 m. env.
Il reste 93 (103 / 113) m.
Répéter les dim. les unes au-dessus des autres ts les 2 rgs encore 7 (8 / 9) fs.
Il reste 16 (15 / 14) m.
2 rgs plus haut :
2, 4 et 10 ans : tric. les m. 2 par 2.
6 et 8 ans : 1 m. env. puis tric. les m. 2 par 2.
Il reste 8 (8 / 7) m.
2 rgs plus haut : passer le fil dans les m. et serrer.

ASSEMBLAGE
Fermer le bonnet par une couture en l'inversant au niveau du jersey end. pour le roulotté.

29 Gilet court

À rayures multicolores, tricoté en jersey et côtes 1/1. Qualité Partner 3,5.

30 Bonnet

En jersey uni orné d'un motif au tricotin. Qualité Partner 3,5.

29 Gilet court

TAILLES
2 ans (4 ans / 6 ans / 8 ans / 10 ans)

FOURNITURES
Qualité Partner 3,5 de Phildar (50 % polyamide, 25 % laine peignée et 25 % acrylique) : 2 (2 / 3 / 3 / 4) pelotes coloris Noir ; 1 (1 / 1 / 1 / 1) pelote coloris Fuchsia ; 1 (1 / 1 / 1 / 1) pelote coloris Bengale ; 1 (1 / 1 / 1 / 1) pelote coloris Vermillon ; 1 (1 / 1 / 1 / 1) pelote coloris Grenadine ; 1 (1 / 1 / 1 / 1) pelote coloris Pensée • Aiguilles n° 3 et n° 3,5 • 6 (6 / 6 / 8 / 8) boutons

POINTS EMPLOYÉS
Côtes 1/1

Jersey rayé : *6 rgs col. Pensée, 6 rgs col. Noir, 6 rgs col. Vermillon, 6 rgs col. Noir, 6 rgs col. Grenadine, 6 rgs col. Noir, 6 rgs col. Fuchsia, 6 rgs col. Noir, 6 rgs col. Bengale, 6 rgs col. Noir*, répéter de * à * soit 60 rgs au tot.

ÉCHANTILLON
Il est indispensable à la réalisation d'un tricot aux bonnes dimensions.
10 cm de jersey rayé, aig. n° 3,5 = 23 m. et 30 rgs

RÉALISATION
Dos

Monter 71 (77 / 83 / 89 / 95) m., col. Noir, aig. n° 3, tric. en côtes 1/1 pendant 3 cm puis faire un rg env. sur l'env. en faisant 1 augm. sur le 1er rg.
On a 72 (78 / 84 / 90 / 96) m.
Continuer en jersey rayé (voir pts employés), aig. n° 3,5.
À 4 (7 / 10/ 12 / 15) cm de haut. après les côtes (on a tric. : **2 ans :** 6 rgs col. Noir / **4 ans :** 4 rgs col. Noir / **6 ans :** 6 rgs col. Grenadine / **8 ans :** 6 rgs col. Noir / **10 ans :** 4 rgs col. Noir), former les emmanch. en rab. de ch. côté ts les 2 rgs :
2 et 4 ans : 1 x 3 m., 1 x 2 m. et 2 x 1 m.
6 et 8 ans : 1 x 3 m., 2 x 2 m. et 1 x 1 m.
10 ans : 1 x 3 m., 2 x 2 m. et 2 x 1 m.
Il reste 58 (64 / 68 / 74 / 78) m.
À 17 (21 / 25 / 28 / 32) cm de haut. après les côtes, former les épaules en rab. de ch. côté ts les 2 rgs :
2 ans : 1 x 3 m. et 3 x 4 m.
4 ans : 3 x 4 m. et 1 x 5 m.
6 ans : 2 x 4 m. et 2 x 5 m.
8 ans : 4 x 5 m.
10 ans : 2 x 5 m. et 2 x 6 m.
En même temps, former l'encol. en rab. les 6 (8 / 10 / 12 / 12) m. centr. puis continuer un côté à la fs en rab. côté encol. ts les 2 rgs : 1 x 6 m. et 1 x 5 m.
Terminer le second côté de l'encol.

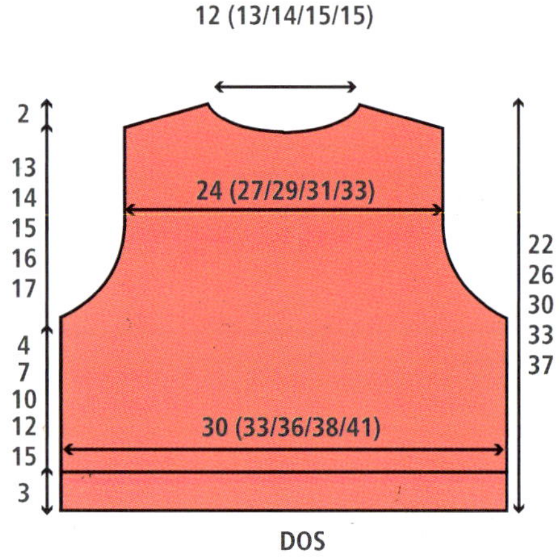

Demi-devant droit

Monter 39 (43 / 45 / 48 / 51) m., col. Noir, aig. n° 3, tric. en côtes 1/1 en commençant le 1er rg et ts les rgs impairs (end. du trav.) par 2 m. end. pendant 3 cm puis faire un rg env. sur l'env.

Continuer en jersey rayé (voir pts employés), aig. n° 3,5.

À 4 (7 / 10/ 12 / 15) cm de haut. après les côtes (on a tric. : **2 ans :** 6 rgs col. Noir / **4 ans :** 4 rgs col. Noir / **6 ans :** 6 rgs col. Grenadine / **8 ans :** 6 rgs col. Noir / **10 ans :** 4 rgs col. Noir), former l'emmanch. en rab. à gauche ts les 2 rgs :

2 et 4 ans : 1 x 3 m., 1 x 2 m. et 2 x 1 m.

6 et 8 ans : 1 x 3 m., 2 x 2 m. et 1 x 1 m.

10 ans : 1 x 3 m., 2 x 2 m. et 2 x 1 m.

Il reste 32 (36 / 37 / 40 / 42) m.

À 15 (19 / 22 / 25 / 29) cm de haut. après les côtes, former l'encol. en rab. à droite ts les 2 rgs :

2 ans : 1 x 5 m., 1 x 4 m., 1 x 3 m., 1 x 2 m., 3 x 1 m.

4 ans : 1 x 5 m., 1 x 4 m., 2 x 3 m., 1 x 2 m., 2 x 1 m.

6 ans : 1 x 5 m., 1 x 4 m., 2 x 3 m., 1 x 2 m., 2 x 1 m.

8 et 10 ans : 1 x 5 m., 1 x 4 m., 2 x 3 m., 1 x 2 m., 3 x 1 m.

À 17 (21 / 25 / 28 / 32) cm de haut. après les côtes, former l'épaule en rab. côté emmanch. ts les 2 rgs :

2 ans : 1 x 3 m. et 3 x 4 m.

4 ans : 3 x 4 m. et 1 x 5 m.

6 ans : 2 x 4 m. et 2 x 5 m.

8 ans : 4 x 5 m.

10 ans : 2 x 5 m. et 2 x 6 m.

Tric. le demi-devant gauche en sens inverse.

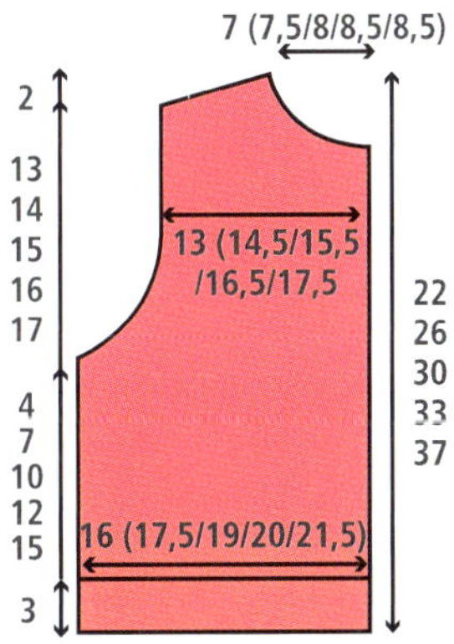

DEMI-DEVANT DROIT

Manches

Monter 46 (48 / 50 / 52 / 54) m., col. Noir, aig. n° 3, tric. en côtes 1/1 pendant 3 cm puis faire un rg env. sur l'env.

Continuer en jersey rayé, aig. n° 3,5, de la façon suivante :

2 ans : 4 rgs col. Noir, 6 rgs col. Grenadine, 6 rgs col. Noir, 6 rgs col. Fuchsia, 6 rgs col. Noir, 6 rgs col. Bengale, 6 rgs col. Noir, puis répéter de * à * les pts employés.

4 ans : 6 rgs col. Noir, 6 rgs col. Grenadine, 6 rgs col. Noir, 6 rgs col. Fuchsia, 6 rgs col. Noir, 6 rgs col. Bengale, 6 rgs col. Noir, puis répéter de * à * les pts employés.

6 ans : 4 rgs col. Vermillon, 6 rgs col. Noir, 6 rgs col. Grenadine, 6 rgs col. Noir, 6 rgs col. Fuchsia, 6 rgs col. Noir, 6 rgs col. Bengale, 6 rgs col. Noir, puis répéter de * à * les pts employés.

8 ans : 4 rgs col. Noir, 6 rgs col. Vermillon, 6 rgs col. Noir, 6 rgs col. Grenadine, 6 rgs col. Noir, 6 rgs col. Fuchsia, 6 rgs col. Noir, 6 rgs col. Bengale, 6 rgs col. Noir, puis répéter de * à * les pts employés.

10 ans : 4 rgs col. Noir, 6 rgs col. Vermillon, 6 rgs col. Noir, 6 rgs col. Grenadine, 6 rgs col. Noir, 6 rgs col. Fuchsia, 6 rgs col. Noir, 6 rgs col. Bengale, 6 rgs col. Noir, puis répéter de * à * les pts employés.

En même temps, faire de ch. côté à 1 m. des bords :

2 et 4 ans : tric. droit.

6 ans : 38 rgs plus haut : 1 x 1 augm.

8 ans : ts les 22 rgs : 3 x 1 augm.

10 ans : ts les 20 rgs : 2 x 1 augm. et ts les 18 rgs : 2 x 1 augm.

On obtient 46 (48 / 52 / 58 / 62) m.

À 17,5 (21,5 / 25,5 / 29 / 32,5) cm de haut. après les côtes (on a tric. : **2 ans :** 6 rgs col. Noir / **4 ans :** 4 rgs col. Noir / **6 ans :** 6 rgs col. Grenadine / **8 ans :** 6 rgs col. Noir / **10 ans :** 4 rgs col. Noir), former l'arrondi en rab. de ch. côté ts les 2 rgs :

2 ans : 2 x 2 m., 4 x 1 m., ts les 4 rgs : 2 x 1 m., ts les 2 rgs : 3 x 1 m. et 2 x 2 m.

4 ans : 2 x 2 m., 4 x 1 m., ts les 4 rgs : 3 x 1 m., ts les 2 rgs : 3 x 1 m. et 2 x 2 m.

6 ans : 3 x 2 m., 3 x 1 m., ts les 4 rgs : 3 x 1 m., ts les 2 rgs : 2 x 1 m. et 3 x 2 m.

8 ans : 2 x 2 m., 7 x 1 m., 4 rgs plus haut : 1 x 1 m., ts les 2 rgs : 7 x 1 m. et 2 x 2 m.

10 ans : 3 x 2 m., 6 x 1 m., ts les 4 rgs : 2 x 1 m., ts les 2 rgs : 5 x 1 m. et 3 x 2 m.

À 27,5 (32,5 / 37,5 / 42 / 46,5) de haut. après les côtes, rab. les 12 m. restantes.

Tric. la seconde manche semblable.

Bande de boutonnages

Monter 44 (54 / 60 / 68 / 78) m., col. Noir, tric. 6 rgs de jersey puis quelques rgs de jersey d'un autre col.

Repasser ces rgs, il suffira de les détricoter au moment du montage pour retrouver le col. de base.

Tric. une seconde bande en répartissant 6 (6 / 6 / 8 / 8) boutonnières de 2 m. sur le 3e rg, la 1re à 3 (3 / 3 / 3 / 4) m. du bord, les suivantes espacées de 5 (7 / 9 / 7 / 8) m.

Bandes d'encolure

Monter 88 (92 / 96 / 100 / 100) m., coloris Noir, tric. 6 rgs de jersey puis quelques rgs de jersey d'un autre coloris.

Repasser ces rgs, il suffira de les détricoter au moment du montage pour retrouver le coloris de base.

ASSEMBLAGE ET FINITIONS

Faire les coutures des épaules, des côtés et des manches.

Monter celles-ci aux emmanch.

Coudre les bandes de boutonnage, m. par m., à pts arrière sur l'end. du trav.

Coudre la bande d'encol., m. par m., à pts arrière sur l'end. du trav.

Coudre les boutons.

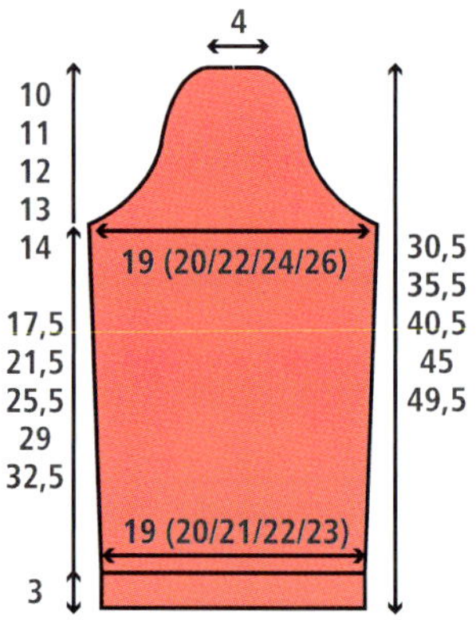

MANCHES

30 Bonnet fille

TAILLES
2/4 ans (6/8 ans / 10 ans)

FOURNITURES
Qualité Partner 3,5 de Phildar (50 % polyamide, 25 % laine peignée et 25 % acrylique) : 1 (1 / 1) pelote coloris Noir ; 1 (1 / 1) pelote coloris Vermillon ; 1 (1 / 1) pelote coloris Bengale ; 1 (1 / 1) pelote coloris Grenadine ; 1 (1 / 1) pelote coloris Fuchsia ; 1 (1 / 1) pelote coloris Pensée • Aiguilles n° 3 et n° 3,5 • Tricotin

POINTS EMPLOYÉS
Côtes 1/1
Jersey

ÉCHANTILLON
Il est indispensable à la réalisation d'un tricot aux bonnes dimensions.
10 cm de jersey, aig. n° 3,5 = 23 m. et 30 rgs

RÉALISATION
Monter 104 (114 / 124) m., col. Noir, aig. n° 3, tric. en côtes 1/1 pendant 3 cm. Continuer en jersey, aig. n° 3,5. À 9 (10 / 11) cm de haut. après les côtes, répartir des dim. de la façon suivante :
2/4 ans : 6 m. end., *2 m. ens. à l'end., 7 m. end.*, répéter de * à * 10 fs au tot. et terminer par 2 m. ens. à l'end. et 6 m. end.
6/8 ans : 6 m. end., *2 m. ens. à l'end., 8 m. end.*, répéter de * à * 10 fs au tot. et terminer par 2 m. ens. à l'end. et 6 m. end.
10 ans : 6 m. end., *2 m. ens. à l'end., 9 m. end.*, répéter de * à * 10 fs au tot. et terminer par 2 m. ens. à l'end. et 6 m. end.
Il reste 93 (103 / 113) m.
Répéter les dim. les unes au-dessus des autres ts les 2 rgs encore 7 (8 / 9) fs. Il reste 16 (15 / 14) m.
2 rgs plus haut : **2/4 et 10 ans** : tric. les m. 2 par 2.
6/8 ans : 1 m. end. puis tric. les m. 2 par 2.
Il reste 8 (8 / 7) m.
2 rgs plus haut : passer le fil dans les m. et serrer.

ASSEMBLAGE ET FINITIONS
Fermer le bonnet par une couture. Confectionner une bande de tricotin multicolore en faisant des rayures de 12 cm dans les col. suivants : Vermillon, Bengale, Grenadine, Pensée et terminer par le col. Pensée. Plier la bande de tricotin en accordéon. Passer un fil pour maintenir l'accordéon multicolore et le coudre sur le côté du bonnet (voir photo).

Bonnet garçon

(Photo p. 114)

TAILLES
2/4 ans (6/8 ans / 10 ans)

FOURNITURES
Qualité Partner 3,5 de Phildar (50 % polyamide, 25 % laine peignée et 25 % acrylique) : 1 (1 / 1) pelote coloris Noir • Aiguilles n° 3 et n° 3,5 • 1 bouton

POINTS EMPLOYÉS
Côtes 1/1
Jersey

ÉCHANTILLON
Il est indispensable à la réalisation d'un tricot aux bonnes dimensions.
10 cm de jersey, aig. n° 3,5 = 23 m. et 30 rgs

RÉALISATION
Monter 104 (114 / 124) m., aig. n° 3, tric. en côtes 1/1 pendant 3 cm. Continuer en jersey, aig. n° 3,5. À 9 (10 / 11) cm de haut. après les côtes, répartir des dim. de la façon suivante :
2/4 ans : 6 m. end., *2 m. ens. à l'end., 7 m. end.*, répéter de * à * 10 fs au tot. et terminer par 2 m. ens. à l'end. et 6 m. end.
6/8 ans : 6 m. end., *2 m. ens. à l'end., 8 m. end.*, répéter de * à * 10 fs au tot. et terminer par 2 m. ens. à l'end. et 6 m. end.
10 ans : 6 m. end., *2 m. ens. à l'end., 9 m. end.*, répéter de * à * 10 fs au tot. et terminer par 2 m. ens. à l'end. et 6 m. end.
Il reste 93 (103 / 113) m.
Répéter les dim. les unes au-dessus des autres ts les 2 rgs encore 7 (8 / 9) fs. Il reste 16 (15 / 14) m.
2 rgs plus haut : **2/4 ans et 10 ans :** tric. les m. 2 par 2.
6/8 ans : 1 m. end. puis tric. les m. 2 par 2.
Il reste 8 (8 / 7) m.
2 rgs plus haut : passer le fil dans les m. et serrer.

Patte de finition
Monter 11 m., aig. n° 3, tric. en côtes 1/1 en commençant et en terminant le 1er rg et ts les rgs impairs (end. du trav.) par 2 m. end.
À 5 cm de haut. tot. rab. souplement les m.

ASSEMBLAGE ET FINITIONS
Fermer le bonnet par une couture. Coudre la patte de finition sur le côté du bonnet et coudre le bouton (voir photo page suivante).

31 Pull

Réalisé entièrement en jacquard
avec finitions en côtes 2/2.
Qualité Partner 3,5.

32 Cape

À torsades, au point de godron et côtes 2/2. Qualité Partner 6.

31 Pull

TAILLES
4 ans (6 ans / 8/10 ans)

FOURNITURES
Qualité Partner 3,5 de Phildar (50 % polyamide, 25 % laine peignée et 25 % acrylique) : 3 (4 / 5) pelotes coloris Acier ; 1 (1 / 1) pelote coloris Minerai ; 2 (2 / 2) pelotes coloris Noir ; 1 (1 / 1) pelote coloris Blanc ; 1 (1 / 2) pelotes coloris Vermillon • Aiguilles n° 3 et n° 3,5

POINTS EMPLOYÉS
Côtes 2/2
Jacquard : voir diagramme et légendes

ÉCHANTILLON
Il est indispensable à la réalisation d'un tricot aux bonnes dimensions.
20 cm de jacquard, aig. n° 3,5 = 54 m. et 57 rgs

RÉALISATION
Dos
Monter 98 (106 / 114) m., aig. n° 3, col. Acier, tric. en côtes 2/2 en commençant et en terminant le 1er rg et ts les rgs impairs (end. du trav.) par 2 m. end. pendant 5 cm.
Tric. 6 (6 / 2) rgs de jersey col. Acier, aig. n° 3,5, en faisant 1 dim. sur le 1er rg.
On a 97 (105 / 115) m.
Continuer en jacquard (voir diagramme) en commençant :
4 ans : au 21e rg et à la 10e m. du diagramme.
6 ans : au 15e rg et à la 6e m. du diagramme.
8/10 ans : au 1er rg et à la 1re m. du diagramme.
À (20 / 22 / 25,5) cm de haut. après les côtes, former les emmanch. en rab. de ch. côté ts les 2 rgs :
4 ans : 1 x 4 m., 1 x 3 m., 2 x 2 m. et 4 x 1 m.
6 ans : 1 x 4 m., 1 x 3 m., 3 x 2 m. et 3 x 1 m.
8/10 ans : 1 x 4 m., 1 x 3 m., 4 x 2 m. et 2 x 1 m.
Il reste 67 (73 / 81) m.
À 34 (38 / 43) cm de haut. après les côtes, former les épaules en rab. de ch. côté ts les 2 rgs :
4 ans : 2 x 3 m. et 2 x 4 m.
6 ans : 4 x 4 m.
8/10 ans : 1 x 4 m. et 3 x 5 m.
En même temps, former l'encol. en rab. les 17 (17 / 19) m. centr. puis continuer un côté à la fs en rab. côté encol. ts les 2 rgs : 1 x 6 m. et 1 x 5 m. (1 x 7 m. et 1 x 5 m. / 1 x 7 m. et 1 x 5 m.).
Terminer le second côté de l'encol.

Devant
Tric. comme au dos jusqu'aux emmanch. Il reste 67 (73 / 81) m.
À 31 (34 / 39) cm de haut. après les côtes, former l'encol. en rab. les 15 (15 / 17) m. centr. puis continuer un côté à la fs en rab. côté encol. ts les 2 rgs :
4 ans : 2 x 3 m., 2 x 2 m. et 2 x 1 m.
6 et 8/10 ans : 2 x 3 m., 2 x 2 m. et 3 x 1 m.
Entretemps, à 34 (38 / 43) cm de haut. après les côtes, former l'épaule en rab. côté emmanch. ts les 2 rgs :
4 ans : 2 x 3 m. et 2 x 4 m.
6 ans : 4 x 4 m.
8/10 ans : 1 x 4 m. et 3 x 5 m.
Terminer le second côté de l'encol.

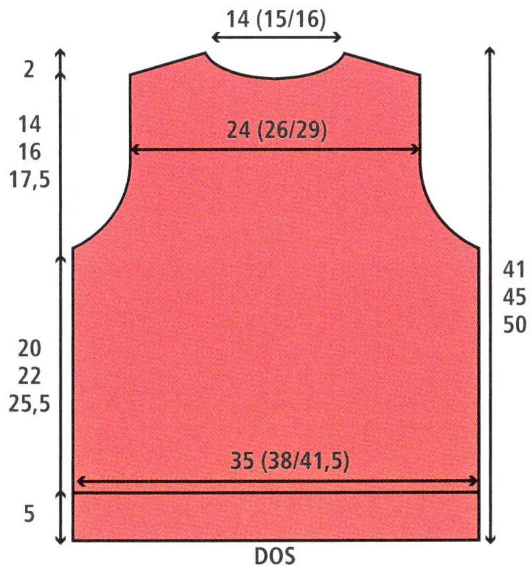
14 (15/16)
2
14
16
17,5
24 (26/29)
41
45
50
20
22
25,5
35 (38/41,5)
5
DOS

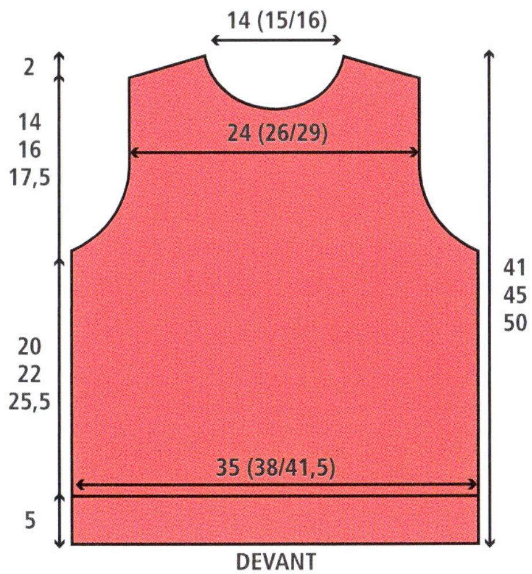
14 (15/16)
2
14
16
17,5
24 (26/29)
41
45
50
20
22
25,5
35 (38/41,5)
5
DEVANT

Pull (suite)

Manches

Monter 54 (58 / 62) m., aig. n° 3, col. Acier, tric. en côtes 2/2 en commençant et en terminant le 1er rg et ts les rgs impairs (end. du trav.) par 2 m. end. pendant 5 cm.

Tric. 0 (6 / 6) rgs de jersey, col. Acier, en faisant 3 (1 / 1) augm. sur le 1er rg.

On a 57 (59 / 63) m.

Continuer en jacquard (voir diagramme), aig. n° 3,5, en commençant :

4 ans : au 21e rg et à la 6e m. du diagramme.

6 ans : au 15e rg et à la 5e m. du diagramme.

8/10 ans : au 1er rg et à la 3e m. du diagramme.

En même temps, faire de ch. côté à 1 m. des bords :

4 ans : 12 rgs plus haut : 1 x 1 augm. et ts les 10 rgs : 3 x 1 augm.

6 ans : ts les 10 rgs : 4 x 1 augm. et ts les 8 rgs : 2 x 1 augm.

8/10 ans : ts les 10 rgs : 3 x 1 augm. et ts les 8 rgs : 5 x 1 augm.

On obtient 65 (71 / 79) m.

À 18 (22 / 27,5) cm de haut. après les côtes, former l'arrondi en rab. de ch. côté ts les 2 rgs :

4 ans : 2 x 3 m., 1 x 2 m., 2 x 1 m., ts les 4 rgs : 4 x 1 m., ts les 2 rgs : 1 x 1 m., 1 x 2 m. et 2 x 3 m.

6 ans : 2 x 3 m., 2 x 2 m., 1 x 1 m., ts les 4 rgs : 4 x 1 m., ts les 2 rgs : 1 x 1 m., 2 x 2 m. et 2 x 3 m.

8/10 ans : 2 x 3 m., 2 x 2 m., 4 x 1 m., ts les 4 rgs : 3 x 1 m., ts les 2 rgs : 3 x 1 m., 2 x 2 m. et 2 x 3 m.

À 30 (35 / 42) cm de haut. après les côtes, rab. 19 m. restantes.

Tric. la seconde manche semblable.

Bande d'encolure

Monter 90 (98/ 102) m., aig. n° 3, coloris Acier, tric. en côtes 2/2 en commençant et en terminant le 1er rg et ts les rgs impairs (end. du trav.) par 2 m. end. pendant 4 cm puis faire un rg end. sur l'end. et quelques rgs de jersey d'un autre coloris.
Repasser ces rgs, il suffira de les détricoter au moment du montage pour retrouver le coloris de base.

ASSEMBLAGE ET FINITIONS

Faire les coutures des épaules, des côtés et des manches.
Monter celles-ci aux emmanch.
Coudre la bande d'encol., m. par m., à pts arrière sur l'end. du trav.

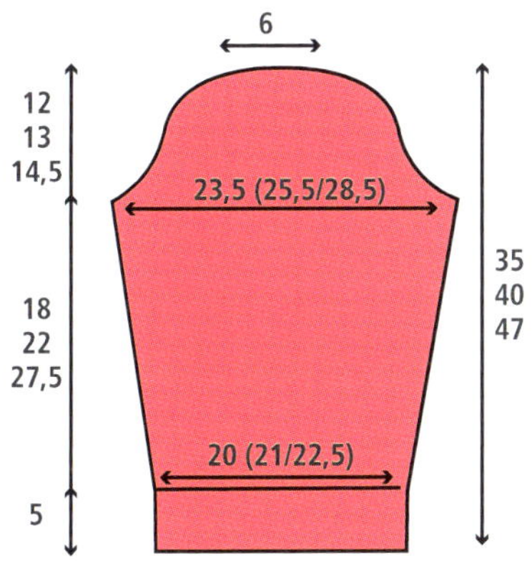

MANCHES

- ■ col. Noir
- col. Acier
- + col. Vermillon
- O col. Blanc
- – col. Minerai

Diagramme jacquard

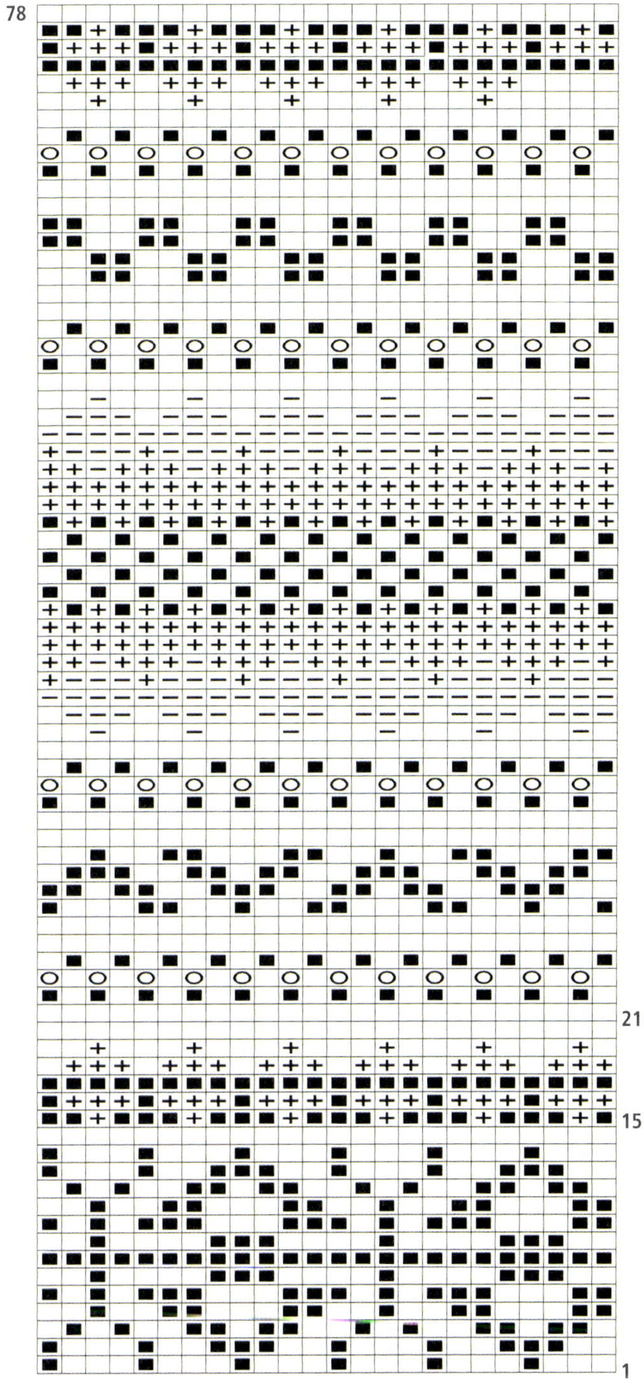

24 m.

Répéter les 24 m. et 78 rgs du diagramme

32 Cape

TAILLES
2/4 ans (6/8 ans / 10/12 ans)

FOURNITURES
Qualité Partner 6 de Phildar (50 % polyamide, 25 % laine peignée et 25 % acrylique) : 9 (11 / 12) pelotes coloris Renne • Aiguilles n° 5 et n° 5,5 • 5 boutons

POINTS EMPLOYÉS
Côtes 2/2
Point de godron : *8 rgs de jersey end., 2 rgs de jersey env.*, répéter de * à * (soit 10 rgs au tot.)
Point fantaisie : voir diagramme et légendes

ÉCHANTILLON
Il est indispensable à la réalisation d'un tricot aux bonnes dimensions.
10 cm de point de godron, aig. n° 5 = 15 m. et 21 rgs

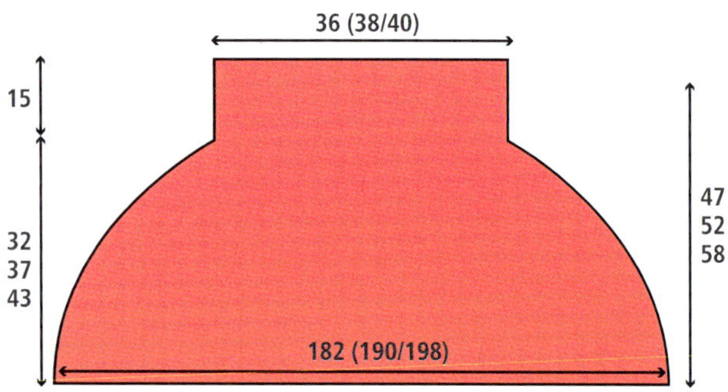

RÉALISATION
Monter 274 (286 / 298) m., aig. n° 5, tric. au pt de godron (voir pts employés).
À 6 (8 / 10) cm de haut. tot., former deux ouvertures pour le passage des bras de la façon suivante :
tric. sur les 22 (24 / 26) m. des extrémités pendant 15 cm puis laisser les m. en attente.
Reprendre les 230 (238 / 246) m. centr. et tric. au pt de godron en répartissant des dim. de la façon suivante (les dim. sont faites sur le 1er rg de jersey env.) :
2/4 ans : *6 m. env., 2 m. ens. à l'env.*, répéter de * à * 28 fs au tot. et terminer par 6 m. env.
6/8 ans : *6 m. env., 2 m. ens. à l'env.*, répéter de * à * 29 fs au tot. et terminer par 6 m. env.
10 ans : *6 m. env., 2 m. ens. à l'env.*, répéter de * à * 30 fs au tot. et terminer par 6 m. env.
Il reste 202 (209 / 216) m.
10 rgs plus haut :
2/4 ans : *5 m. env., 2 m. ens. à l'env.*, répéter de * à * 28 fs au tot. et terminer par 6 m. env.
6/8 ans : *5 m. env., 2 m. ens. à l'env.*, répéter de * à * 29 fs au tot. et terminer par 6 m. env.
10 ans : *5 m. env., 2 m. ens. à l'env.*, répéter de * à * 30 fs au tot. et terminer par 6 m. env.
Il reste 173 (180 / 186) m.
10 rgs plus haut :
2/4 ans : *4 m. env., 2 m. ens. à l'env.*, répéter de * à * 28 fs au tot. et terminer par 6 m. env.
6/8 ans : *4 m. env., 2 m. ens. à l'env.*, répéter de * à * 29 fs au tot. et terminer par 6 m. env.
10 ans : *4 m. env., 2 m. ens. à l'env.*, répéter de * à * 30 fs au tot. et terminer par 6 m. env.
Il reste 145 (151 / 156) m.
À 21 (23 / 25) cm de haut. tot., réunir les 22 (24 / 26) m. des extrémités et les 145 (151 / 156) m. centr. en répartissant les dim. de la façon suivante :
2/4 ans : 7 m. end., *2 m. ens. à l'end., 4 m. end.*, répéter de * à * 29 fs au tot. et terminer par 2 m. ens. à l'end. et 6 m. end.
6/8 ans : 6 m. env., *2 m. ens. à l'env., 4 m. env.*, répéter de * à * 31 fs au tot. et terminer par 2 m. ens. à l'env. et 5 m. env.
10 ans : 4 m. end., *2 m. ens. à l'end., 4 m. end.*, répéter de * à * 33 fs au tot. et terminer par 2 m. ens. à l'end. et 4 m. end.

Il reste 159 (167 / 174) m.
- 6 (10 / 12) rgs plus haut :
2/4 ans : 6 m. end., *2 m. ens. à l'end., 3 m. end.*, répéter de * à * 29 fs au tot. et terminer par 2 m. ens. à l'end. et 6 m. end.
6/8 ans : 5 m. env., *2 m. ens. à l'env., 3 m. env.*, répéter de * à * 31 fs au tot. et terminer par 2 m. ens. à l'env. et 5 m. env.
10 ans : 3 m. end., *2 m. ens. à l'end., 3 m. end.*, répéter de * à * 33 fs au tot. et terminer par 2 m. ens. à l'end. et 4 m. end.
Il reste 129 (135 / 140) m.
- 6 (10 / 12) rgs plus haut :
2/4 ans : 6 m. end., *2 m. ens. à l'end., 2 m. end.*, répéter de * à * 29 fs au tot. et terminer par 2 m. ens. à l'end. et 5 m. end.
6/8 ans : 5 m. env., *2 m. ens. à l'env., 2 m. env.*, répéter de * à * 31 fs au tot. et terminer par 2 m. ens. à l'env. et 4 m. env.
10 ans : 3 m. end., *2 m. ens. à l'end., 2 m. end.*, répéter de * à * 33 fs au tot. et terminer par 2 m. ens. à l'end. et 3 m. end.
Il reste 99 (103 / 106) m.
- 4 (4 / 6) rgs plus haut :
2/4 ans : 4 m. end., *2 m. ens. à l'end., 3 m. end.*, répéter de * à * 19 fs au tot.
6/8 ans : 3 m. end., *2 m. ens. à l'end., 3 m. end.*, répéter de * à * 20 fs au tot.
10 ans : 5 m. end., *2 m. ens. à l'end., 3 m. end.*, répéter de * à * 20 fs au tot. et terminer par 1 m. end.
Il reste 80 (83 / 86) m.
- 4 rgs plus haut :
2/4 ans : 4 m. end., *2 m. ens. à l'end., 2 m. end.*, répéter de * à * 19 fs au tot.
6/8 ans : 3 m. end., *2 m. ens. à l'end., 2 m. end.*, répéter de * à * 20 fs au tot.
10 ans : 5 m. end., *2 m. ens. à l'end., 2 m. end.*, répéter de * à * 20 fs au tot. et terminer par 1 m. end.
Il reste 61 (63 / 66) m.
À 32 (37 / 43) cm de haut. tot., tric. en côtes 2/2 en répartissant 5 (3 / 4) dim. sur le 1er rg, en commençant et en terminant par 3 m. env. pendant 15 cm puis rab. souplement les m.

Bande de finition pour le bas de la cape

Monter 18 m., aig. n° 5,5, tric. en pt fantaisie (voir diagramme) en plaçant les m. de la façon suivante :
3 m. end., 2 m. env., les 8 m. de la torsade, 2 m. env. et 3 m. end.
À 182 (190 / 198) cm de haut. tot., rab. souplement ttes les m.

Bandes de boutonnage

Monter 9 m., aig. n° 5, tric. en côtes 1/1 en commençant et en terminant le 1er rg et ts les rgs impairs (endr. du trav.) par 2 m. endr. pendant 57 (62 / 68) cm puis rab. souplement.
Tric. une seconde bande en répartissant 5 boutonnières de 5 rgs, la 1re à 10 cm de haut. tot., les suivantes espacées de 6 (8,5 /10) cm .

ASSEMBLAGE ET FINITIONS

Coudre la bande de finition en bas de la cape.
Coudre les bandes de boutonnage, le long de la cape et du col en inversant la couture de moitié pour le revers du col.
Coudre les boutons.

8

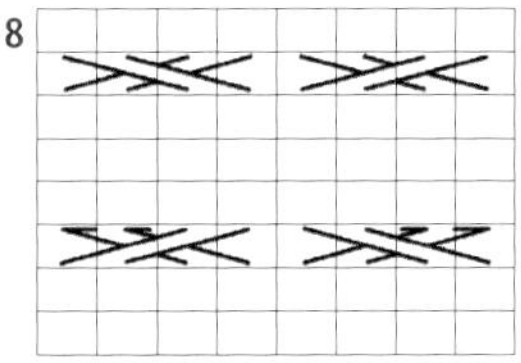

1

8 m.

Répéter les 8 rgs du diagramme

m. end. sur l'end. ou m. env. sur l'env.

– m. env. sur l'end. ou m. end. sur l'env.

4 m. croisées vers la droite : glisser 2 m. sur une aig. à torsade placée derrière, tric. les 2 m. suivantes à l'end., puis les 2 m. de l'aig. à torsade

4 m. croisées vers la gauche : glisser 2 m. sur une aig. à torsade placée devant, tric. les 2 m. suivantes à l'end., puis les 2 m. de l'aig. à torsade

4 m. croisées vers la droite : glisser 2 m. sur une aig. à torsade placée derrière, tric. les 2 m. suivantes à l'end., puis les 2 m. de l'aig. à torsade à l'env.

4 m. croisées vers la gauche : glisser 2 m. sur une aig. à torsade placée devant, tric. les 2 m. suivantes à l'env., puis les 2 m. de l'aig. à torsade à l'end.

33 Gilet

Tricoté au point fantaisie, et crocheté en mailles serrées, mailles coulées et point d'écrevisse. Qualité Chrono Phil.

34 Pull

Jeu de damiers en jacquard, jersey rayé et côtes 1/1.
Qualité Partner 3,5.

33 Gilet sans manches

TAILLES

2 ans (4 ans / 6 ans / 8 ans / 10 ans)

FOURNITURES

Qualité Chrono Phil de Phildar (55 % coton et 45 % acrylique) : 5 (6 / 8 / 8 / 10) pelotes coloris Pétrole ; 1 (1 / 2 / 2 / 2) pelotes coloris Carbone • Aiguilles n° 7 • Crochet n° 6

POINTS EMPLOYÉS

Point fantaisie :

1er **rg** : *1 m. end., 1 m. glissée (fil derrière la m.)*, répéter de * à * et terminer par 1 m. end.

2e **rg** : *1 m. env., 1 m. glissée (fil devant la m.)*, répéter de * à * et terminer par 1 m. env.

3e **rg** : tric. ttes les m. à l'end.

4e **rg** : tric. ttes les m. à l'env.

5e **rg** : 1 m. end., *1 m. end., 1 m. glissée (fil derrière la m.)*, répéter de * à * et terminer par 2 m. end.

6e **rg** : 1 m. env., *1 m. env., 1 m. glissée (fil devant la m.)*, répéter de * à * et terminer par 2 m. env.

7e **rg** : tric. ttes les m. à l'end.

8e **rg** : tric. ttes les m. à l'env.

Répéter tjs ces 8 rgs

Maille coulée : piquer le crochet dans une m., ramener une boucle et la passer aussitôt à travers la boucle se trouvant sur le crochet

Maille serrée : piquer le crochet dans une m., ramener une boucle, 1 jeté, tirer le fil à travers les 2 boucles se trouvant sur le crochet

Point d'écrevisse : m. serrées de gauche à droite

ÉCHANTILLON

Il est indispensable à la réalisation d'un tricot aux bonnes dimensions.
10 cm de pt fantaisie, aig. n° 7 = 12 m. et 20 rgs

RÉALISATION

Dos et devant

Se tricote d'une seule pièce.

Monter 79 (85 / 93 / 99 / 107) m., col. Pétrole, aig. n° 7 , tric. au pt fantaisie (voir pts employés).

À 24 (26 / 28 / 30 / 33) cm de haut. tot., séparer le trav.

Continuer sur les 19 (21 / 23 / 25 / 27) premières m. et former l'emmanch. du demi-devant droit en rab., côté séparation, ts les 2 rgs :

2, 6 et 10 ans : 1 x 2 m. et 3 x 1 m.

4 et 8 ans : 1 x 2 m. et 2 x 1 m.

En même temps (**2 et 4 ans**) ou entretemps (**6, 8 et 10 ans**), à 24 (26 / 29 / 32 / 36) cm de haut. tot., former l'encol. du demi-devant droit en rab. à droite 1 x 1 m. puis ts les 2 rgs :

2 ans : 1 x 1 m. et ts les 4 rgs : 5 x 1 m.

4 ans : 1 x 1 m., ts les 4 rgs : 6 x 1 m.

6 ans : 2 x 1 m. et ts les 4 rgs : 6 x 1 m.

8 et 10 ans : 6 x 1 m. et ts les 4 rgs : 4 x 1 m.

À 37 (41 / 45 / 48 / 52) cm de haut. tot., rab. les 7 (9 / 9 / 10 / 11) m. restantes.

Tric. sur les 41 (43 / 47 / 49 / 53) m. centr. pour le dos et former les emmanch. en rab. de ch. côté ts les 2 rgs :

2, 6 et 10 ans : 1 x 2 m. et 3 x 1 m.

4 et 8 ans : 1 x 2 m. et 2 x 1 m.

Il reste 31 (35 / 37 / 41 / 43) m.

À 36 (40 / 44 / 47 / 51) cm de haut. tot., former l'encol. en rab. les 17 (17 / 19 / 21 / 21) m. centr. puis continuer un côté à la fs.

À 37 (41 / 45 / 48 / 52) cm de haut. tot., rab. les 7 (9 / 9 / 10 / 11) m. restantes.

Terminer le second côté de l'encol.

Reprendre les 19 (21 / 23 / 25 / 27) dernières m. et tric. le demi-devant gauche en sens inverse du demi-devant droit.

ASSEMBLAGE ET FINITIONS

Avec le fil col. Carbone, passer le fil entre ch. m. glissée (voir photo).
Faire les coutures des épaules.
Avec le crochet n° 6, faire un rg de m. coulées, col. Pétrole, le long des demi-devants, de l'encol. et dans le bas du gilet, puis avec le col. Carbone, faire un rg de m. serrées et terminer col. Pétrole en faisant un rg de pt d'écrevisse.
Faire le même trav. autour des emmanch.

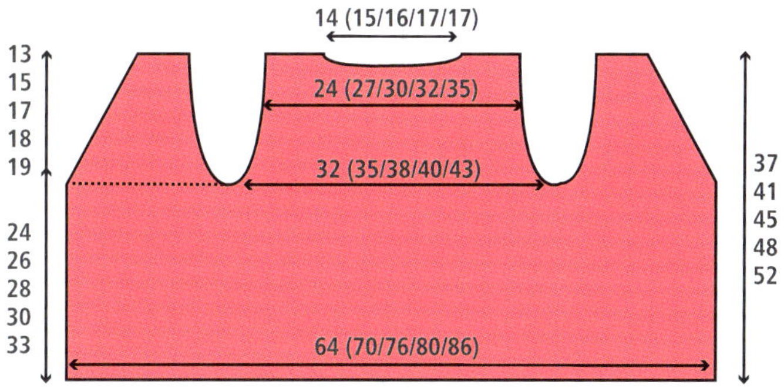

34 Pull

TAILLES
4 ans (6 ans / 8/10 ans)

FOURNITURES
Qualité Partner 3,5 de Phildar (50 % polyamide, 25 % laine peignée et 25 % acrylique) : 2 (2 / 2) pelotes coloris Noir ; 3 (3 /4) pelotes coloris Acier ; 1 (2 / 2) pelotes coloris Minerai ; 2 (2 / 2) pelotes coloris Lagon
• Aiguilles n° 3 et n° 3,5

POINTS EMPLOYÉS
Côtes 1/1
Jacquard : voir diagrammes et légendes
Jersey rayé manche droite : 34 (40 / 48) rgs col. Minerai, 32 (38 / 44) rgs col. Noir et 24 (28 / 34) rgs col. Acier
Jersey rayé manche gauche : 38 (46 / 54) rgs col. Acier, 52 (60 / 72) rgs col. Lagon

ÉCHANTILLON
Il est indispensable à la réalisation d'un tricot aux bonnes dimensions.
10 cm de jersey, de jersey rayé ou de jacquard, aig. n° 3,5 = 23 m. et 30 rgs

RÉALISATION
Dos
Monter 84 (92 / 100) m., aig. n° 3, col. Acier, tric. en côtes 1/1 pendant 4 cm.
Continuer en jacquard (voir diagramme), aig. n° 3,5.
À 18 (20 / 23,5) cm de haut. après les côtes, former les emmanch. en rab. de ch. côté ts les 2 rgs :
4 ans : 1 x 3 m., 3 x 2 m. et 2 x 1 m.
6 et 8/10 ans : 2 x 3 m., 3 x 2 m. et 1 x 1 m.
Il reste 62 (66 / 74) m.
À 34 (38 / 43) cm de haut. après les côtes, former les épaules en rab. de ch. côté ts les 2 rgs :
4 ans : 3 x 3 m. et 1 x 4 m.
6 ans : 2 x 3 m. et 2 x 4 m.
8/10 ans : 3 x 4 m. et 1 x 5 m.
En même temps, former l'encol. en rab. les 12 (14 / 16) m. centr. puis continuer un côté à la fs en rab. côté encol. ts les 2 rgs : 2 x 6 m.
Terminer le second côté de l'encol.

Devant
Monter 84 (92 / 100) m., aig. n° 3, col. Acier, tric. en côtes 1/1 pendant 4 cm.
Continuer en jacquard (voir diagramme), aig. n° 3,5.
À 18 (20 / 23,5) cm de haut. après les côtes, former les emmanch. en rab. de ch. côté ts les 2 rgs :
4 ans : 1 x 3 m., 3 x 2 m. et 2 x 1 m.
6 et 8/10 ans : 2 x 3 m., 3 x 2 m. et 1 x 1 m.
Il reste 62 (66 / 74) m.
À 31 (34 / 39) cm de haut. après les côtes, former l'encol. en rab. les 8 (8 / 10) m. centr. puis continuer un côté à la fs, en rab. côté encol., ts les 2 rgs :
4 ans : 1 x 4 m., 1 x 3 m., 3 x 2 m. et 1 x 1 m.
6 ans : 1 x 4 m., 1 x 3 m., 2 x 2 m. et 4 x 1 m.
8/10 ans : 1 x 4 m., 2 x 3 m., 1 x 2 m. et 3 x 1 m.
Entretemps, à 34 (38 / 43) cm de haut. après les côtes, former l'épaule en rab. côté emmanch. ts les 2 rgs :
4 ans : 3 x 3 m. et 1 x 4 m.
6 ans : 2 x 3 m. et 2 x 4 m.
8/10 ans : 3 x 4 m. et 1 x 5 m.
Terminer le second côté de l'encol.

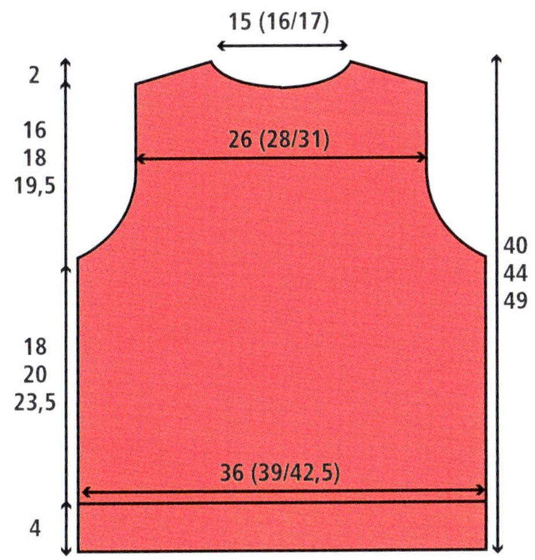

DOS

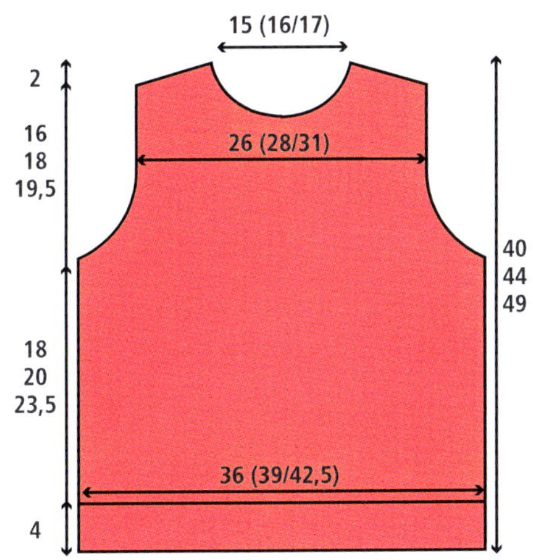

DEVANT

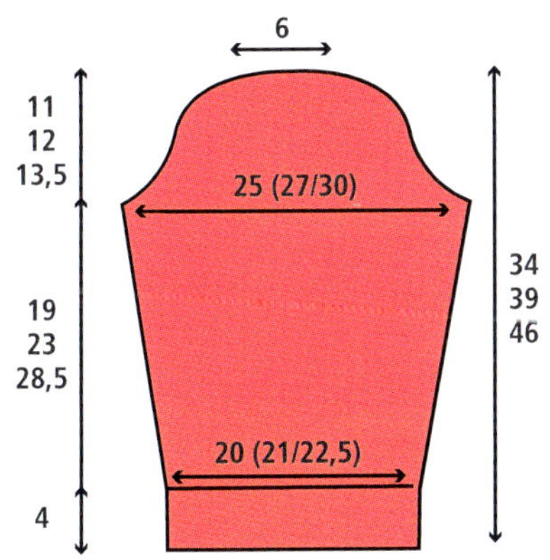

MANCHES

Manches

Monter 48 (50 / 54) m., aig. n° 3, col. Acier, tric. en côtes 1/1 pendant 4 cm.
Continuer en jersey rayé (voir pts employés), aig. n° 3,5, en faisant de ch. côté à 1 m. des bords :
4 ans : 10 rgs plus haut : 1 x 1 augm. et ts les 8 rgs : 5 x 1 augm.
6 ans : ts les 10 rgs : 3 x 1 augm. et ts les les 8 rgs : 4 x 1 augm.
8/10 ans : ts les 10 rgs : 3 x 1 augm. et ts les 8 rgs : 6 x 1 augm.
On obtient 60 (64 / 72) m.
À 19 (23 / 28,5) cm de haut. après les côtes, former l'arrondi en rab. de ch. côté ts les 2 rgs :
4 ans : 2 x 3 m., 1 x 2 m., 3 x 1 m., ts les 4 rgs : 3 x 1 m., ts les 2 rgs : 1 x 1 m., 1 x 2 m. et 2 x 3 m.
6 ans : 2 x 3 m., 2 x 2 m., 2 x 1 m., ts les 4 rgs : 4 x 1 m., ts les 2 rgs : 1 x 1 m., 1 x 2 m. et 2 x 3 m.
8/10 ans : 2 x 3 m., 2 x 2 m., 3 x 1 m., ts les 4 rgs : 3 x 1 m., ts les 2 rgs : 3 x 1 m., 2 x 2 m. et 2 x 3 m.
À 30 (35 / 42) cm de haut. après les côtes, rab. 14 m. restantes.
Tric. la seconde manche semblable.

Bande d'encolure

Monter 90 (96 / 100) m., aig. n° 3, col. Acier, tric. en côtes 1/1 pendant 2,5 cm puis faire un rg end. sur l'end. et quelques rgs de jersey d'un autre coloris.
Repasser ces rgs, il suffira de les détricoter au moment du montage pour retrouver le coloris de base.

ASSEMBLAGE ET FINITIONS

Faire les coutures des côtés et des manches. Monter celles-ci aux emmanch. Coudre la bande d'encol., m. par m., à pts arrière sur l'end. du trav.

Pull (suite)

Dos tailles 4 et 6 ans

Devant tailles 4 et 6 ans

- col. Acier
- ○ col. Minerai
- + col. Lagon
- ■ col. Noir

Dos taille 8/10 ans

50 m. ↑ 50 m.

milieu du trav.

Devant taille 8 /10 ans

50 m. ↑ 50 m.

milieu du trav.

35 Gilet zippé

Réalisé en jersey, côtes 2/2, pointillé rebrodé au point devant. Qualité Partner 6.

36 Veste

Zippée, tout jacquard.
Qualité Rapido.

35 Gilet zippé

TAILLES
2 ans (4 ans / 6 ans / 8 ans / 10 ans)

FOURNITURES
Qualité Partner 6 de Phildar (50 % polyamide, 25 % laine peignée et 25 % acrylique) : 6 (7 / 8 / 9 / 10) pelotes coloris Minerai ; 1 (1 / 1 / 1 / 1) pelote coloris Acier • Aiguilles n° 5,5 et n° 6 • Fermeture à glissière de 35 (40 / 45 / 45 / 50) cm

POINTS EMPLOYÉS
Côtes 2/2
Jersey
Broderie au point de devant

ÉCHANTILLON
Il est indispensable à la réalisation d'un tricot aux bonnes dimensions.
10 cm de jersey, aig. n° 6 = 15 m. et 21 rgs

RÉALISATION
Dos
Monter 50 (54 / 58 / 62 / 66) m., aig. n° 5,5, col. Minerai, tric. en côtes 2/2 en commençant et en terminant le 1er rg et ts les rgs impairs (end. du trav.) par 2 m. end. pendant 5 cm.
Continuer en jersey, aig. n° 6, en répartissant 2 augm. sur le 1er rg.
On a 52 (56 / 60 / 64 / 68) m.
À 19 (21 / 23 / 25 / 28) cm de haut. après les côtes, former les emmanch. en rab. de ch. côté ts les 2 rgs : 1 x 2 m. et 3 x 1 m.
Il reste 42 (46 / 50 / 54 / 58) m.
À 32 (36 / 40 / 43 / 47) cm de haut. après les côtes, former les épaules en rab. de ch. côté ts les 2 rgs :
2 ans : 3 x 4 m.
4 ans : 2 x 4 m. et 1 x 5 m.
6 ans : 1 x 4 m. et 2 x 5 m.
8 ans : 3 x 5 m.
10 ans : 1 x 5 m. et 2 x 6 m.
En même temps, former l'encol. en rab. les 6 (8 / 10 / 12/ 12) m. centr. puis continuer un côté à la fs en rab., côté encol., 2 rgs plus haut : 1 x 6 m.
Terminer le second côté de l'encol.

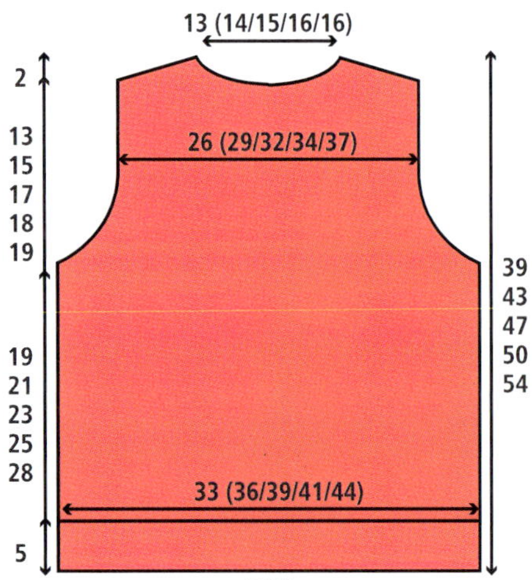

DOS

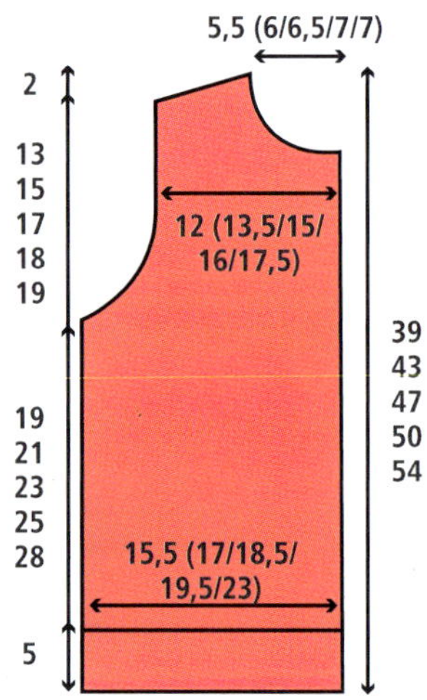

DEMI-DEVANT DROIT

Demi-devant droit

Monter 27 (27 / 31 / 31 / 35) m., aig. n° 5,5, col. Minerai, tric. en côtes 2/2 en commençant le 1er rg et ts les rgs impairs (end. du trav.) par 3 m. end. et en terminant par 2 m. end. pendant 5 cm.

Continuer en jersey, aig. n° 6, en répartissant 1 dim. (1 augm. / 1 dim. / 1 augm. / 1 augm.) sur le 1er rg.

On a 26 (28 / 30 / 32 / 36) m.

À 19 (21 / 23 / 25 / 28) cm de haut. après les côtes, former l'emmanch. en rab. à gauche ts les 2 rgs : 1 x 2 m. et 3 x 1 m.

Il reste 21 (23 / 25 / 27 / 31) m.

À 27 (32 / 35 / 37 / 41) cm de haut. après les côtes, former l'encol. en rab. à droite ts les 2 rgs :

2 ans : 1 x 3 m., 2 x 2 m., 1 x 1 m., 4 rgs plus haut : 1 x 1 m.

4 ans : 1 x 3 m., 2 x 2 m. et 3 x 1 m.

6 ans : 2 x 3 m., 1 x 2 m. et 3 x 1 m.

8 ans : 1 x 4 m., 1 x 3 m., 1 x 2 m., 2 x 1 m., 4 rgs plus haut : 1 x 1 m.

10 ans : 1 x 4 m., 2 x 3 m., 1 x 2 m., 1 x 1 m., 4 rgs plus haut : 1 x 1 m.

À 32 (36 / 40 / 43 / 47) cm de haut. après les côtes, former l'épaule en rab. côté emmanch. ts les 2 rgs :

2 ans : 3 x 4 m.

4 ans : 2 x 4 m. et 1 x 5 m.

6 ans : 1 x 4 m. et 2 x 5 m.

8 ans : 3 x 5 m.

10 ans : 1 x 5 m. et 2 x 6 m.

Tric. le demi-devant gauche en sens inverse.

Manches

Monter 30 (32 / 34 / 36 / 38) m., aig. n° 5,5, col. Minerai, tric. en côtes 2/2 en commençant et en terminant le 1er rg et ts les rgs impairs (end. du trav.) par 2 m. end. pendant 5 cm.

Continuer en jersey, aig. n° 6, en faisant de ch. côté :

2 ans : ts les 6 rgs : 4 x 1 augm. et 4 rgs plus haut : 1 x 1 augm.

4 ans : ts les 6 rgs : 2 x 1 augm. et ts les 4 rgs : 5 x 1 augm.

6 ans : ts les 6 rgs : 5 x 1 augm. et ts les 4 rgs : 4 x 1 augm.

8 ans : ts les 6 rgs : 9 x 1 augm.

10 ans : ts les 6 rgs : 10 x 1 augm.

On obtient 40 (46 / 52 / 54 / 58) m.

À 15 (19,5 / 24 / 28 / 31,5) cm de haut. après les côtes, former l'arrondi en rab. de ch. côté ts les 2 rgs :

2 ans : 3 x 2 m., 1 x 1 m. et 3 x 2 m.

4 ans : 1 x 3 m., 5 x 2 m. et 1 x 3 m.

6 ans : 3 x 3 m., 2 x 2 m. et 2 x 3 m.

8 ans : 1 x 4 m., 2 x 3 m., 2 x 2 m. et 2 x 3 m.

10 ans : 1 x 4 m., 2 x 3 m., 1 x 2 m., 2 x 3 m. et 1 x 4 m.

À 22 (26,5 / 31 / 35 / 38,5) cm de haut. après les côtes, rab. les 14 m. restantes.

Tric. la seconde manche semblable.

Col

Monter 52 (56 / 60 / 64 / 64) m., aig. n° 5,5, coloris Minerai, tric. en côtes 2/2 en commençant et en terminant le 1er rg et ts les rgs impairs (end. du trav.) par 3 m. end. pendant 5 cm puis faire un rg end. sur l'end. et quelques rgs de jersey d'un autre coloris.

Repasser ces rgs, il suffira de les détricoter au moment du montage pour retrouver le coloris de base.

Bandes de finition des demi-devants

Monter 54 (63 / 68 / 71 / 78) m., aig. n° 5,5, col. Minerai, tric. en jersey pendant 2 cm puis faire un rg end. sur l'end. et quelques rgs de jersey d'un autre col.

Repasser ces rgs, il suffira de les détricoter au moment du montage pour retrouver le col. de base.

Tric. une seconde bande semblable.

ASSEMBLAGE ET FINITIONS

Faire les coutures des épaules, des côtés et des manches.

Monter celles-ci aux emmanch. Coudre le col, m. par m., à pts arrière sur l'end. du trav.

Coudre les bandes de finitions le long des demi-devants et du col, m. par m., à pts arrière sur l'end. du trav.

Replier les bandes de moitié vers l'intérieur de manière à former un bourrelet et les fixer à pts cachés au fil à coudre.

Coudre la fermeture à glissière sous les bandes de finition en laissant libre 1 (1 / 0 / 1 / 0,5) cm en haut et en bas.

Avec le coloris Acier, faire une broderie au pt de devant dans le bas du gilet au-dessus du bord côtes (ch. pt est réalisé sur 1 m. et demie et espacé d'une m. et demie).

Faire le même trav. autour des poignets.

Avec le coloris Acier, faire une broderie au pt de devant le long des demi-devants à 1 m. de la couture des bandes de finition (ch. pt est réalisé sur 2 rgs et espacé de 2 rgs).

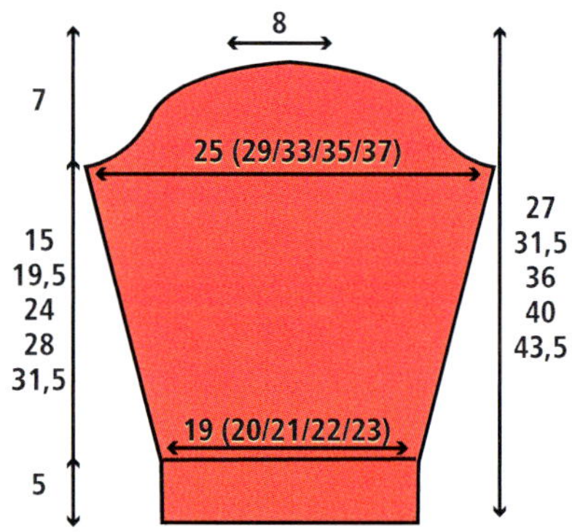

MANCHES

36 Veste

TAILLES
6 ans (8 ans / 10 ans)

FOURNITURES
Qualité Rapido de Phildar (50 % polyamide, 25 % laine peignée et 25 % acrylique) : 6 (7 / 8) pelotes coloris Noir ; 4 (4 / 5) pelotes coloris Acier ; 3 (3 /4) pelotes coloris Craie • Qualité Partner 3,5 de Phildar (50 % polyamide, 25 % laine peignée et 25% acrylique) : 1 (1 / 1) pelote coloris Noir • Aiguilles n° 3,5, n° 5 et n° 7• Crochet n° 5 • 1 fermeture à glissière de 45 (50 / 55) cm

POINTS EMPLOYÉS
Côtes 2/2
Jersey
Jacquard : voir diagramme et légendes
Augmentation à 1 maille des bords
Maille coulée : piquer le crochet dans une m., 1 jeté, tirer le fil à travers les 2 boucles se trouvant sur le crochet
Maille serrée : piquer le crochet dans une m., ramener une boucle, 1 jeté, tirer le fil à travers les 2 boucles se trouvant sur le crochet

ÉCHANTILLON
Il est indispensable à la réalisation d'un tricot aux bonnes dimensions.
10 cm de jacquard, aig. n° 7 = 13 m. et 13 rgs

Veste (suite)

RÉALISATION

Dos

Monter 54 (58 / 62) m., aig. n° 5, qualité Rapido, col. Noir, tric. en côtes 2/2 en commençant et en terminant le 1er rg et ts les rgs impairs (end. du trav.) par 2 m. end. (2 m. env. / 2 m. end.) pendant 5 cm.
Continuer en jacquard (voir diagramme), aig. n° 7, en faisant 1 (3 / 3) dim. sur le 1er rg et en commençant :
6 ans : au 7e rg et à la 5e m. du diagramme.
8 ans : au 5e rg et à la 4e m. du diagramme.
10 ans : au 1er rg et à la 12e m. du diagramme.
Il reste 53 (55 / 59) m.
À 24 (26 / 29) cm de haut. après les côtes, former les emmanch. en rab. de ch. côté ts les 2 rgs :
6 et 8 ans : 1 x 3 m., 1 x 2 m. et 2 x 1 m.
10 ans : 1 x 3 m., 1 x 2 m. et 3 x 1 m.
Il reste 39 (41 / 43) m.
À 41 (44 / 48) cm de haut. après les côtes, former les épaules en rab. de ch. côté ts les 2 rgs :
6 ans : 1 x 5 m. et 1 x 6 m.
8 ans : 2 x 6 m.
10 ans : 1 x 6 m. et 1 x 7 m.
En même temps, former l'encol. en rab. les 17 (19 / 19) m. centr. puis continuer un côté à la fs. Terminer le second côté de l'encol.

Demi-devant droit

Monter 27 (29 / 31) m., aig. n° 5, qualité Rapido, col. Noir, tric. en côtes 2/2 en commençant le 1er rg et ts les rgs impairs (end. du trav.) par 3 m. end. et en terminant par 2 m. end. (2 m. env. / 2 m. end.) pendant 5 cm.
Continuer en jacquard (voir diagramme), aig. n° 7, en faisant 1 (1 / 1) dim. sur le 1er rg et en commençant :
6 ans : au 7e rg et à la 5e m. du diagramme.
8 ans : au 5e rg et à la 4e m. du diagramme.
10 ans : au 1er rg et à la 12e m. du diagramme.
Il reste 26 (28 / 30) m.
À 24 (26 / 29) cm de haut. après les côtes, former l'emmanch. en rab. à gauche ts les 2 rgs :
6 et 8 ans : 1 x 3 m., 1 x 2 m. et 2 x 1 m.
10 ans : 1 x 3 m., 1 x 2 m. et 3 x 1 m.
Il reste 19 (21 / 22) m.

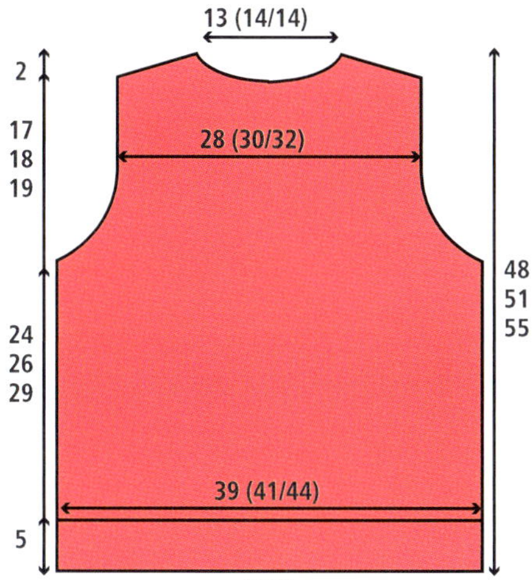

DOS

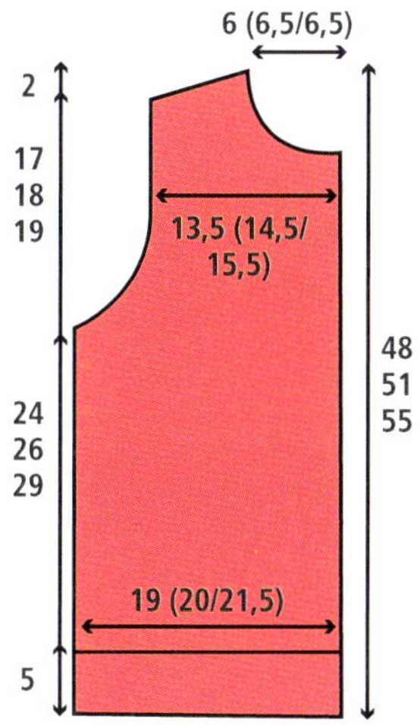

DEMI-DEVANT DROIT

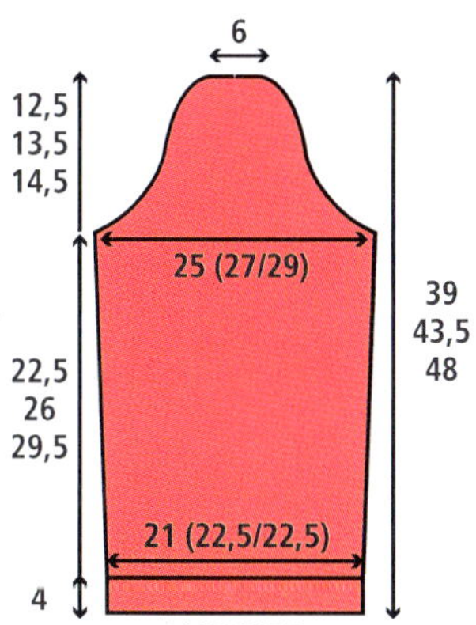

MANCHES

À 37 (40 / 44) cm de haut. après les côtes, former l'encol. en rab. à droite ts les 2 rgs :

6 ans : 1 x 3 m., 2 x 2 m. et 1 x 1 m.

8 et 10 ans : 1 x 4 m., 1 x 3 m., 1 x 2 m. et 1 x 1 m.

À 41 (44 / 48) cm de haut. après les côtes, former l'épaule en rab. côté emmanch. ts les 2 rgs :

6 ans : 1 x 5 m. et 1 x 6 m.

8 ans : 2 x 6 m.

10 ans : 1 x 6 m. et 1 x 7 m.

Tric. le demi-devant gauche en sens inverse.

Manches

Monter 26 (30 / 30) m., aig. n° 5, qualité Rapido, col. Noir, tric. en côtes 2/2 en commençant et en terminant le 1er rg et ts les rgs impairs (end. du trav.) par 2 m. end. pendant 4 cm.

Continuer en jacquard (voir diagramme), aig. n° 7, en faisant 3 (1 / 1) augm. sur le 1er rg et en commençant :

6 ans : au 9e rg et à la 1re m. du diagramme.

8 ans : au 5e rg et à la 1re m. du diagramme.

10 ans : au 1er rg et à la 1re m. du diagramme.

On obtient 29 (31 / 31) m.

Faire de ch. côté à 1 m. des bords :

6 et 8 ans : ts les 8 rgs : 3 x 1 augm.

10 ans : ts les 8 rgs : 4 x 1 augm.

On obtient : 35 (37 / 39) m.

À 22,5 (26 / 29,5) cm de haut. après les côtes, former l'arrondi en rab. de ch. côté ts les 2 rgs :

6 ans : 1 x 3 m., 1 x 2 m., 4 x 1 m. et 2 x 2 m.

8 ans : 1 x 3 m., 1 x 2 m., 5 x 1 m. et 2 x 2 m.

10 ans : 1 x 3 m., 1 x 2 m., 5 x 1 m., 1 x 2 m. et 1 x 3 m.

À 35 (39,5 / 44) cm de haut. après les côtes, rab. les 9 m. restantes.

Tric. la seconde manche semblable.

Col

Monter 44 (48 / 48) m., aig. n° 5, qualité Rapido, col. Noir, tric. en côtes 2/2 en commençant et en terminant le 1er rg et ts les rgs impairs (end. du trav.) par 3 m. end. pendant 6 cm.

Faire un rg end. sur l'end. et quelques rgs de jersey d'un autre coloris. Repasser ces rgs, il suffira de les détricoter au moment du montage pour retrouver le coloris de base.

Bandes de propreté

Monter 8 m., aig. n° 3,5, qualité Partner 3,5, col. Noir, tric. en jersey pendant 48 (51 / 55) cm puis rab.
Tric. une seconde bande semblable.

Poches

Monter 14 m., aig. n° 5, qualité Rapido, col. Noir, tric. en jacquard (voir diagramme), aig. n° 7.
À 12 cm de haut. tot., rab. ttes les m.
Tric. la seconde poche en suivant le diagramme correspondant.

ASSEMBLAGE ET FINITIONS

Faire les coutures des épaules, des côtés et des manches.
Monter celles-ci aux emmanch. Coudre le col, m. par m., à pts arrière sur l'end. du trav. Avec le crochet n° 5, qualité Rapido, coloris Noir, faire le long des demi-devants 1 rg de m. coulées et 1 rg de m. serrées.
Coudre la fermeture à glissière en laissant libre 1,5 (0,5 / 0) cm en haut du col et en bas du corps. Coudre les bandes de propreté au fil à coudre à l'intérieur de la veste de manière à cacher le ruban de la fermeture à glissière. Poser les poches sur les demi-devants à 7 m. des bords en faisant coïncider le jacquard des demi-devants avec celui des poches.

Diagramme poche droite

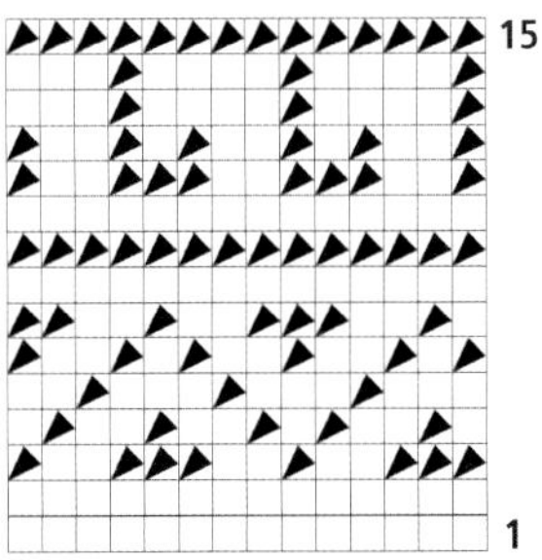

14 m.

Diagramme poche gauche

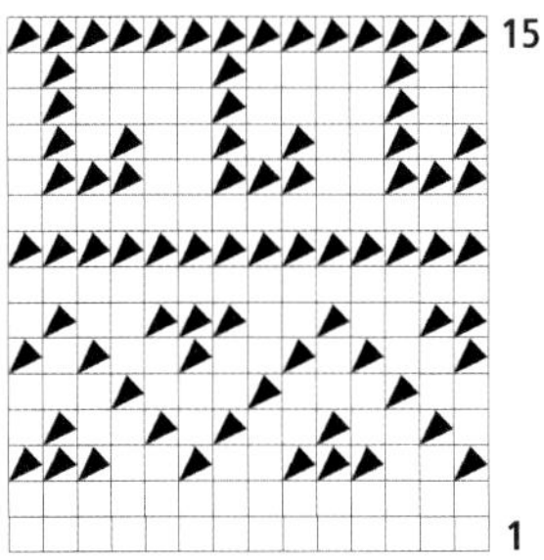

14 m.

qualité Rapido, col. Noir

qualité Rapido, col. Craie

qualité Rapido, col. Acier

Diagramme dos, devant et manches

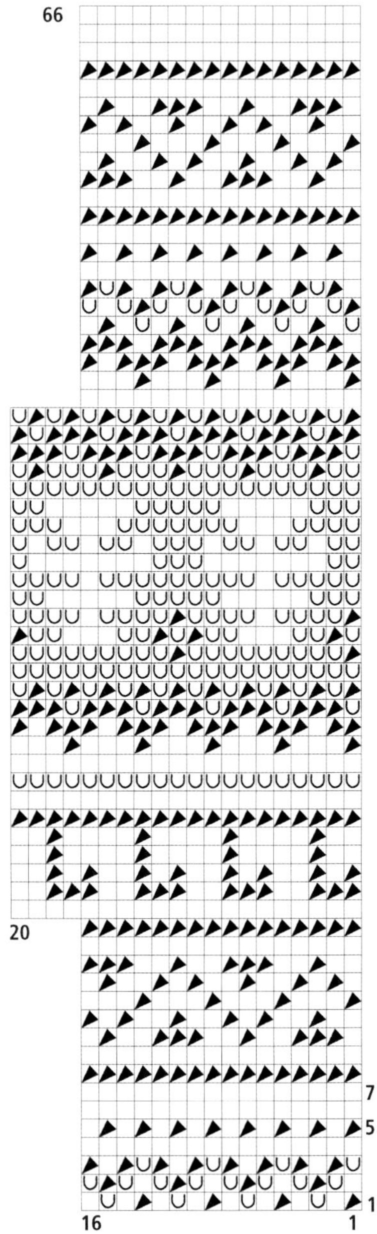

Les 66 rgs du diagramme terminés, tric. en jersey, col. Noir

37 Pull à capuche

Avec de larges rayures en jersey, bordures manches, poches et col en côtes 1/1.
Qualité Partner 6.

38 Poncho

Tout au point mousse, finitions côtes 1/1, avec ceinture au point mousse tubulaire. Qualité Sport Laine.

37 Pull à capuche

TAILLES
4 ans (6 ans / 8 ans / 10 ans)

FOURNITURES
Qualité Partner 6 de Phildar (50 % polyamide, 25 % laine peignée et 25 % acrylique) : 3 (4 / 4 / 6) pelotes coloris Mûre ; 4 (4 / 5 / 6) pelotes coloris Écorce ; 4 (4 / 4 / 5) pelotes coloris Renne • Aiguilles n° 4 et n° 5 • 1 fermeture à glissière de 7 cm

POINTS EMPLOYÉS
Côtes 1/1
Jersey rayé : *16 rgs col. Écorce, 16 rgs col. Mûre*, répéter de * à *
Augmentation à 1 maille des bords

ÉCHANTILLON
Il est indispensable à la réalisation d'un tricot aux bonnes dimensions.
10 cm de jersey rayé, aig. n° 5 = 16 m. et 24 rgs

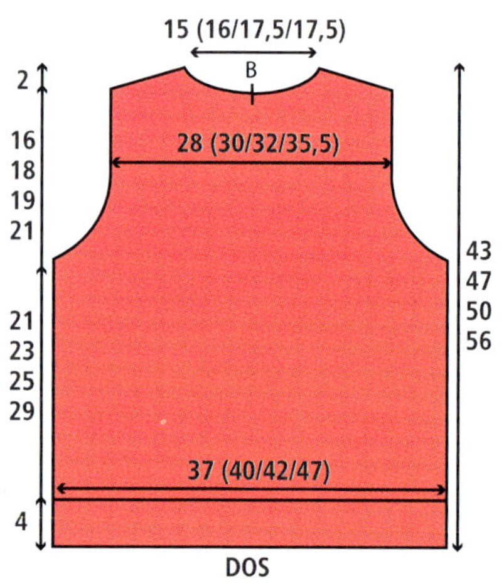

RÉALISATION
Dos
Monter 60 (66 / 70 / 78) m., aig. n° 4, col. Renne, tric. en côtes 1/1 pendant 4 cm puis faire un rg env. sur l'env.
Continuer en jersey rayé (voir pts employés), aig. n° 5.
À 21 (23 / 25 / 29) cm de haut. après les côtes (on a tric. : **4 ans :** 2 rgs col. Mûre / **6 ans :** 8 rgs col. Mûre / **8 ans :** 12 rgs col. Mûre / **10 ans :** 6 rgs col. Écorce), former les emmanch. en rab. de ch. côté ts les 2 rgs :
4 ans : 1 x 3 m., 1 x 2 m. et 2 x 1 m.
6 et 8 ans : 1 x 3 m., 1 x 2 m. et 3 x 1 m.
10 ans : 1 x 3 m., 2 x 2 m. et 3 x 1 m.
Il reste 46 (50 / 54 / 58) m.
À 37 (41 / 44 / 50) cm de haut. après les côtes, former les épaules en rab. de ch. côté ts les 2 rgs :
4 ans : 1 x 3 m. et 2 x 4 m.
6 ans : 3 x 4 m.
8 ans : 2 x 4 m. et 1 x 5 m.
10 ans : 3 x 5 m.
En même temps, former l'encol. en rab. les 8 (10 / 10 / 10) m. centr. puis continuer un côté à la fs en rab., côté encol., 2 rgs plus haut : 1 x 8 m. (1 x 8 m. / 1 x 9 m. / 1 x 9 m.).
Terminer le second côté de l'encol.

Devant
Tric. comme au dos jusqu'aux emmanch.
Il reste 46 (50 / 54 / 58) m.
À 27 (30 / 33 / 38,5) cm de haut. après les côtes, former l'ouverture en rab. les 8 m. centr. puis continuer un côté à la fs.
À 34 (37 / 40 / 45,5) cm de haut. après les côtes, former l'encol. en rab., côté séparation, ts les 2 rgs :
4 ans : 2 x 3 m., 1 x 1 m., 4 rgs plus haut : 1 x 1 m.
6 ans : 2 x 3 m., 1 x 2 m. et 4 rgs plus haut : 1 x 1 m.
8 ans : 2 x 3 m., 1 x 2 m., 1 x 1 m., 4 rgs plus haut : 1 x 1 m.
10 ans : 2 x 3 m., 1 x 2 m., 1 x 1 m. et 4 rgs plus haut : 1 x 1 m.
À 37 (41 / 44 / 50) cm de haut. après les côtes, former l'épaule en rab., côté emmanch., sur ts les 2 rgs :
4 ans : 1 x 3 m. et 2 x 4 m.
6 ans : 3 x 4 m.
8 ans : 2 x 4 m. et 1 x 5 m.
10 ans : 3 x 5 m.
Terminer le second côté de l'encol.

38 Poncho

TAILLES
2 ans (4 ans / 6 ans / 8 ans / 10 ans)

FOURNITURES
Qualité Sport Laine de Phildar (51 % laine peignée et 49 % acrylique) : 6 (7 / 8 / 9 / 10) pelotes coloris Grenat • Aiguilles n° 6 • Aiguille circulaire n° 6 • 4 boutons

POINTS EMPLOYÉS
Côtes 1/1
Point mousse
Point mousse tubulaire :
1er rg : 1 m. end., passer 1 m., 1 m. end., passer 1 m.
Répéter toujours ce rg (cela forme une bande de tricotin au pt mousse)
Diminution simple : 2 m. ens. à l'end.
Diminution double : 3 m. ens. à l'end.

ÉCHANTILLON
Il est indispensable à la réalisation d'un tricot aux bonnes dimensions.
10 cm de pt mousse, aig. n° 6 = 14 m. et 31 rgs

RÉALISATION
Se tricote d'une seule pièce et se commence par le dos.
Monter 3 (4 / 3 / 4 / 3) m., aig. n° 6, tric. au pt mousse en augm. de ch. côté ts les 2 rgs :
2 ans : *1 x 1 m., 1 x 2 m.*, répéter de * à * 13 fs au tot. et 3 x 2 m.
4 ans : *1 x 1 m., 1 x 2 m.*, répéter de * à * 15 fs au tot. et 3 x 1 m.
6 ans : *1 x 1 m., 1 x 2 m.*, répéter de * à * 16 fs au tot. et 4 x 1 m.
8 ans : *1 x 1 m., 1 x 2 m.*, répéter de * à * 16 fs au tot. et 7 x 1 m.
10 ans : *1 x 1 m., 1 x 2 m.* répéter de * à * 17 fs au tot. et 8 x 1 m.
On obtient 93 (100 / 107 / 114 / 121) m.
À 17 (19 / 21 / 23 / 25) cm de haut. tot., former 2 ouvertures pour le passage de la ceinture à 27 (29 / 32 / 33 / 34) m. des extrémités, soit 27 (29 / 32 / 33 / 34) m. de pt mousse, 2 m. ens., 1 jeté, 35 (38 / 39 / 44 / 49) m. de pt mousse, 1 jeté, 2 m. ens. à l'end. et 27 (29 / 32 / 33 / 34) m. de pt mousse.
À 19 (21 / 23 / 25 / 27) cm de haut. tot., laisser les m. en attente.
Tric. le devant semblable.
Avec l'aig. circulaire n° 6, reprendre les 93 (100 / 107 / 114 / 121) m. du dos et les 93 (100 / 107 / 114 / 121) m. du devant en tric. ens. la dernière m. du dos et la première m. du devant et la dernière m. du devant et la 1re m. du dos.
Il reste 184 (198 / 212 / 226 / 240) m.
Marquer la première et la dernière m. du dos d'un fil de couleur.
Marquer la première et la dernière m. du devant d'un fil de couleur.
Tric. en rond en faisant 1 dim. de ch. côté des fils de couleur (soit 4 dim. sur le rg) de la façon suivante :
2 ans : ts les 2 rgs : *1 x 1 dim. double, 1 x 1 dim. simple*, répéter de * à * 9 fs au tot. et terminer par 11 x 1 dim. simple.
4 ans : ts les 2 rgs : *1 x 1 dim. double, 3 x 1 dim. simple*, répéter de * à * 7 fs au tot. et terminer par 5 x 1 dim. simple.
6 ans : ts les 2 rgs : *1 x 1 dim. double, 4 x 1 dim. simple*, répéter de * à * 7 fs au tot. et terminer par 1 x 1 dim. simple.
8 ans : ts les 2 rgs : *1 x 1 dim. double, 5 x 1 dim. simple*, répéter de * à * 6 fs au tot. et terminer par 3 x 1 dim. simple.
10 ans : ts les 2 rgs : *1 x 1 dim. double, 4 x 1 dim. simple*, répéter de * à * 7 fs au tot. et terminer par 6 x 1 dim. simple.
Entretemps, à 26 (30 / 33 / 37 / 41) cm de haut. tot., former une ouverture sur le devant en rab. les 4 (5 / 4 / 5 / 4) m. centr. puis tric. en allers et retours.
À 33 (37 / 40 / 44 / 48) cm de haut. tot., former l'encol. devant en rab. de ch. côté de la séparation ts les 2 rgs :
2 ans : 1 x 2 m., 2 x 1 m., ts les 4 rgs : 2 x 1 m.
4 ans : 1 x 2 m., 4 x 1 m., 4 rgs plus haut : 1 x 1 m.
6 ans : 2 x 2 m., 2 x 1 m., ts les 4 rgs : 2 x 1 m.
8 ans : 2 x 2 m., 4 x 1 m., 4 rgs plus haut : 1 x 1 m.
10 ans : 3 x 2 m., 3 x 1 m., 4 rgs plus haut : 1 x 1 m.
À 38 (42 / 46 / 50 / 54) cm de haut. tot., rab. souplement les 16 (19 / 20 / 23 / 24) m. restantes pour l'encol. dos.

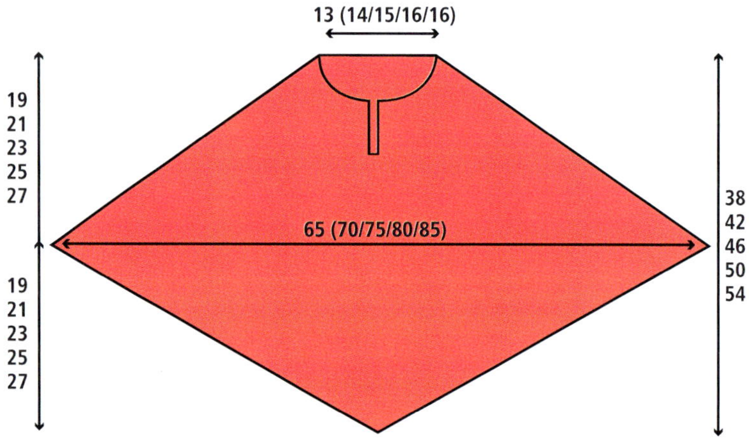

Bandes de finition

Monter 110 (118 / 126 / 134 / 142) m., aig. n° 6, tric. en côtes 2/2 en commençant et en terminant le 1er rg et ts les rgs impairs (end. du trav.) par 2 m. end. pendant 2 cm puis faire 1 rg end. sur l'end. et quelques rgs de jersey d'un autre col.
Repasser ces rgs, il suffira de les détricoter au moment du montage pour retrouver le col. de base.
Tric. une seconde bande semblable.

Bandes de boutonnage

Monter 32 m., aig. n° 6, tric. en côtes 2/2 en commençant et en terminant le 1er rg et ts les rgs impairs (end. du trav.) par 3 m. end.
Sur le 3e rg, former 2 boutonnières de 2 m., la 1re à 4 m. du bord, la suivante espacée de 7 m.
À 3 cm de haut. tot., faire 1 rg end. sur l'end. et quelques rgs de jersey d'un autre col. Repasser ces rgs, il suffira de les détricoter au moment du montage pour retrouver le col. de base.
Tric. une seconde bande en sens inverse (les boutonnières se trouvent à l'opposé de celles de la 1re bande).

Ceinture

Monter 4 m., aig. n° 6, tric. au pt mousse tubulaire (voir pts employés) pendant 142 (146 / 148 / 150 / 154) cm puis arrêter le trav.

ASSEMBLAGE ET FINITIONS

Avec les aig. n° 6, relever 44 (48 / 52 / 56 / 60) m. autour de l'encol., faire un rg end. sur l'env. puis tric. en côtes 2/2 en commençant et en terminant le 1er rg et ts les rgs impairs (end. du trav.) par 3 m. env. pendant 14 cm puis rab. souplement les m.
Coudre les bandes de boutonnage le long de l'ouverture devant et du col. Coudre les boutons. Coudre les bandes de finition en bas du poncho, m. par m., à pts arrière sur l'end. du trav.
Passer la ceinture dans les ouvertures dos et devant et la nouer sur le milieu devant.

39 Veste

À large col, tricotée en côtes 5/1 et côtes 2/2. Qualité Iliade.

40 Gilet

Tricoté au point de riz, fermé par 4 boutons en bois. Qualité Rapido.

39 Veste

TAILLES
2 ans (4 ans / 6 ans / 8 ans / 10 ans)

FOURNITURES
Qualité Iliade de Phildar (70 % acrylique et 30 % laine) : 6 (7 / 8 / 9 / 10) pelotes coloris Navy • Aiguilles n° 4 et n° 4,5 • 5 boutons

POINTS EMPLOYÉS
Côtes 2/2
Côtes 5/1 : 5 m. env. et 1 m. end.

ÉCHANTILLON
Il est indispensable à la réalisation d'un tricot aux bonnes dimensions.
10 cm de côtes 5/1, aig. n° 4,5 = 19 m. et 26 rgs

RÉALISATION
Dos
Monter 66 (70 / 78 / 82 / 90) m., aig. n° 4,5, tric. en côtes 2/2 en commençant et en terminant le 1er rg et ts les rgs impairs (end. du trav.) par 2 m. end. pendant 5 cm.
Continuer en côtes 5/1 en commençant et en terminant le 1er rg et ts les rgs impairs (end. du trav.) par 5 m. env. et en faisant 1 dim. (1 augm. / 1 dim. / 1 augm. / 1 dim.) sur le 1er rg.
On a 65 (71 / 77 / 83 / 89) m.
À 22 (24 / 26 / 28 / 31) cm de haut. tot., former les emmanch. en rab. de ch. côté ts les 2 rgs : **2 et 4 ans :** 2 x 2 m. et 2 x 1 m.
6 ans : 1 x 3 m., 1 x 2 m. et 2 x 1 m.
8 ans : 1 x 3 m., 2 x 2 m. et 1 x 1 m.
10 ans : 1 x 3 m., 2 x 2 m. et 2 x 1 m.
Il reste 53 (59 / 63 / 67 / 71) m.
À 37 (41 / 45 / 48 /52) cm de haut. tot., former les épaules en rab. de ch. côté ts les 2 rgs :
2 ans : 3 x 3 m. et 1 x 4 m.
4 ans : 1 x 3 m. et 3 x 4 m.
6 ans : 4 x 4 m.
8 ans : 3 x 4 m. et 1 x 5 m.
10 ans : 1 x 4 m. et 3 x 5 m.
En même temps, former l'encol. en rab. les 7 (9 / 11 / 13 / 13) m. centr. puis continuer un côté à la fs en rab. côté encol. ts les 2 rgs : 2 x 5 m.
Terminer le second côté de l'encol.

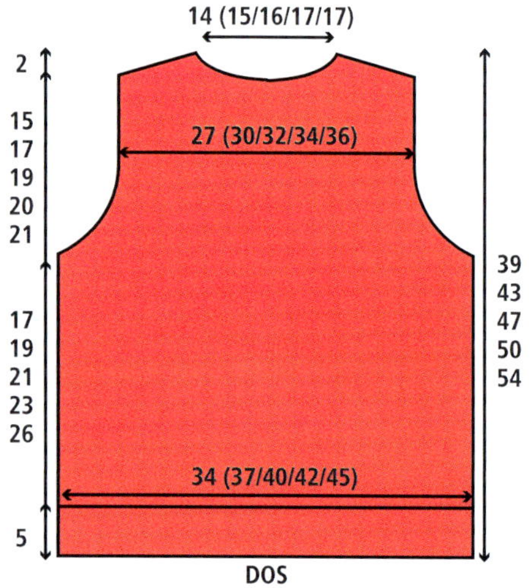

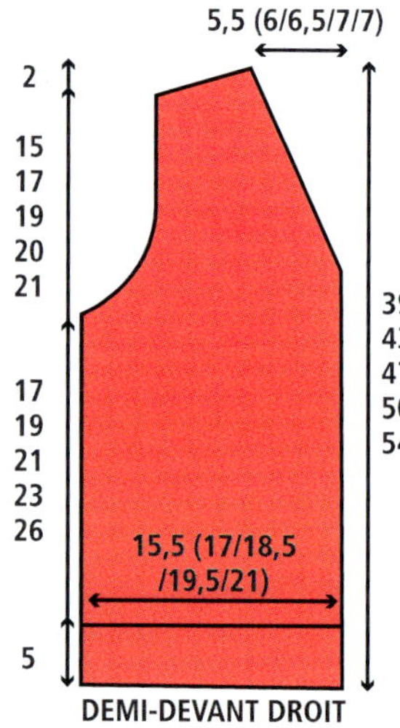

Demi-devant droit

Monter 31 (31 / 35 / 39 / 43) m., aig. n° 4,5, tric. en côtes 2/2 en commençant le 1er rg et ts les rgs impairs (end. du trav.) par 3 m. end. et en terminant par 2 m. end. pendant 5 cm.

Continuer en côtes 5/1 en commençant le 1er rg et ts les rgs impairs (end. du trav.) par 1 m. end. (2 m. env. / 6 m. env. / 4 m. env. / 6 m. env.) et en faisant 1 dim. (1 augm. / 1 augm. / 1 augm. / 1 dim.) sur le 1er rg.

On a 30 (32 / 36 / 40 / 42) m.

À 22 (24 / 26 / 28 / 31) cm de haut. tot., former l'emmanch. en rab. à gauche ts les 2 rgs :

2 et 4 ans : 2 x 2 m. et 2 x 1 m.

6 ans : 1 x 3 m., 1 x 2 m. et 2 x 1 m.

8 ans : 1 x 3 m., 2 x 2 m. et 1 x 1 m.

10 ans : 1 x 3 m., 2 x 2 m. et 2 x 1 m.

Il reste 24 (26 / 29 / 32 / 33) m.

À 23 (27 / 30 / 33 / 37) cm de haut. tot., former l'encol. en rab. à droite 1 x 1 m. puis :

2 et 4 ans : 2 rgs plus haut : 1 x 1 m., ts les 4 rgs : 9 x 1 m.

6 ans : ts les 2 rgs : 4 x 1 m., ts les 4 rgs : 8 x 1 m.

8 ans : ts les 2 rgs : 8 x 1 m., ts les 4 rgs : 6 x 1 m.

10 ans : ts les 2 rgs : 6 x 1 m., ts les 4 rgs : 7 x 1 m.

À 37 (41 / 45 / 48 /52) cm de haut. tot., former l'épaule en rab., côté emmanch., ts les 2 rgs :

2 ans : 3 x 3 m. et 1 x 4 m.

4 ans : 1 x 3 m. et 3 x 4 m.

6 ans : 4 x 4 m.

8 ans : 3 x 4 m. et 1 x 5 m.

10 ans : 1 x 4 m. et 3 x 5 m.

Tric. le demi-devant gauche en sens inverse.

Manches

Monter 38 (38 / 42 / 42 / 46) m., aig. n° 4,5, tric. en côtes 2/2 en commençant et en terminant le 1er rg et ts les rgs impairs (end. du trav.) par 2 m. end. pendant 5 cm.

Continuer en côtes 5/1 en commençant et en terminant le 1er rg et ts les rgs impairs (end. du trav.) par 1 m. end. (1 m. env. / 2 m. env. / 3 m. env. / 4 m. env.) et en faisant 1 dim. (1 augm. / 1 augm. / 1 augm. / 1 dim.) sur le 1er rg.

On a 37 (39 / 41 / 43 / 45) m.

Faire de ch. côté (en reconstituant la côte au fur et à mesure des augm.) :

2 ans : ts les 8 rgs : 4 x 1 augm.

4 ans : ts les 8 rgs : 3 x 1 augm. et ts les 6 rgs : 3 x 1 augm.

6 ans : ts les 8 rgs : 5 x 1 augm. et ts les 6 rgs : 2 x 1 augm.

8 ans : ts les 8 rgs : 7 x 1 augm. et 6 rgs plus haut : 1 x 1 augm.

10 ans : ts les 8 rgs : 8 x 1 augm. et 6 rgs plus haut : 1 x 1 augm.

On obtient 45 (51 / 55 / 59 / 63) m.

À 19,5 (23,5 / 27,5 / 31 / 34,5) cm de haut. tot., former l'arrondi en rab. de ch. côté ts les 2 rgs :

2 ans : 2 x 2 m., 4 x 1 m., 4 rgs plus haut : 1 x 1 m., ts les 2 rgs : 5 x 1 m. et 1 x 2 m.

4 ans : 2 x 2 m., 5 x 1 m., 4 rgs plus haut : 1 x 1 m., ts les 2 rgs : 5 x 1 m. et 2 x 2 m.

6 ans : 3 x 2 m., 5 x 1 m., 4 rgs plus haut : 1 x 1 m., ts les 2 rgs : 5 x 1 m. et 2 x 2 m.

8 ans : 3 x 2 m., 5 x 1 m., 4 rgs plus haut : 1 x 1 m., ts les 2 rgs : 5 x 1 m. et 3 x 2 m.

10 ans : 3 x 2 m., 6 x 1 m., 4 rgs plus haut : 1 x 1 m., ts les 2 rgs : 6 x 1 m. et 3 x 2 m.

À 30,5 (35,5 / 40,5 / 45 / 49,5) cm de haut. tot., rab. les 13 m. restantes.

Tric. la seconde manche semblable.

ASSEMBLAGE ET FINITIONS

Faire les coutures des épaules, des côtés et des manches.

Monter celles-ci aux emmanch.

Avec les aig. n° 4, relever 212 (232 / 254 / 268 / 284) m. le long des demi-devants et de l'encol. dos, soit 49 (58 / 65 / 71 / 79) m. le long du demi-devant droit, 114 (116 / 124 / 126 / 126) m. autour de l'encol. des demi-devants et du dos et 49 (58 / 65 / 71 / 79) m. le long du demi-devant gauche. Faire un rg end. sur l'env. puis tric. en côtes 2/2 en commençant et en terminant le 1er rg et ts les rgs impairs (end. du trav.) par 3 m. end.

Sur le demi-devant gauche, former 5 boutonnières de 2 m. sur le 5e rg, la 1re à 3 m. du bord, les suivantes espacées de 9 (11 / 13 / 14 / 16) m.

À 3 cm de haut. tot., laisser en attente de ch. côté 1 x 49 (1 x 58 / 1 x 65 / 1 x 71 / 1 x 79) m. puis ts les 2 rgs : 12 x 4 m.

Faire un rg sur ttes les m. et rab. souplement.

Coudre les boutons.

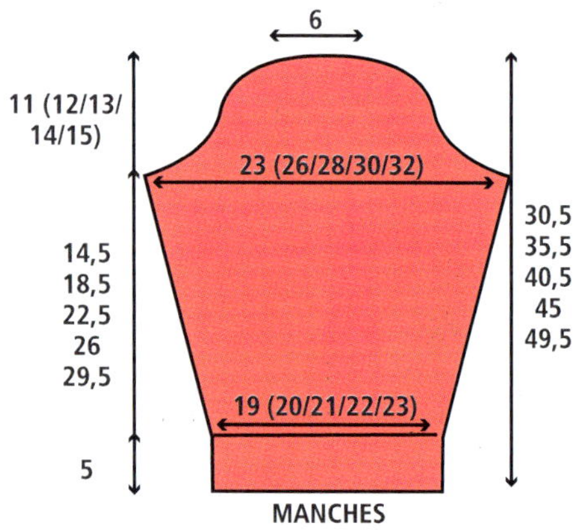

40 Gilet

TAILLES
2 ans (4 ans / 6 ans / 8 ans / 10 ans)

FOURNITURES
Qualité Rapido de Phildar (50 % polyamide, 25 % laine peignée et 25 % acrylique) : 7 (9 / 11 / 12 / 14) pelotes coloris Pétrole • Aiguilles n° 6 et n° 7 • 4 boutons

POINTS EMPLOYÉS
Côtes 1/1
Point de riz : côtes 1/1 contrariées à ch. rg

ÉCHANTILLON
Il est indispensable à la réalisation d'un tricot aux bonnes dimensions.
10 cm de pt de riz, aig. n° 7 = 12 m. et 21 rgs

Gilet (suite)

RÉALISATION

Dos

Monter 41 (45 / 49 / 51 / 55) m., aig. n° 6, tric. en côtes 1/1 pendant 5 cm.
Continuer au pt de riz, aig. n° 7.
À 11 (13 / 15 / 17 / 20) cm de haut. après les côtes, former les emmanch. en rab. de ch. côté ts les 2 rgs :
2 et 4 ans : 1 x 2 m. et 1 x 1 m.
6 et 8 ans : 1 x 2 m. et 2 x 1 m.
10 ans : 1 x 2 m. et 3 x 1 m.
Il reste 35 (39 / 41 / 43 / 45) m.
À 24 (28 / 32 / 35 / 39) cm de haut. après les côtes, former les épaules en rab. de ch. côté ts les 2 rgs :
2 ans : 3 x 3 m.
4 ans : 2 x 3 m. et 1 x 4 m.
6 et 8 ans : 1 x 3 m. et 2 x 4 m.
10 ans : 3 x 4 m.
En même temps, former l'encol. en rab. les 7 (9 / 9 / 11 / 11) m. centr. puis continuer un côté à la fs en rab. côté encol. 2 rgs plus haut : 1 x 5 m.
Terminer le second côté de l'encol.

Demi-devant droit

Monter 27 (29 / 31 / 33 / 35) m., aig. n° 6, tric. en côtes 1/1 en commençant le 1er rg et ts les rgs impairs (end. du trav.) par 2 m. end. pendant 5 cm.
Continuer au pt de riz, aig. n° 7.
À 11 (13 / 15 / 17 / 20) cm de haut. après les côtes, former l'emmanch. en rab. à gauche ts les 2 rgs :
2 et 4 ans : 1 x 2 m. et 1 x 1 m.
6 et 8 ans : 1 x 2 m. et 2 x 1 m.
10 ans : 1 x 2 m. et 3 x 1 m.
Il reste 24 (26 / 27 / 29 / 30) m.
À 15 (17 / 20 / 23 / 27) cm de haut. après les côtes, former 2 groupes de boutonnières de 1 m., la 1re à 3 m. du bord droit, la seconde espacée de 8 m.
À 19 (23 / 26 / 29 / 33) de haut. après les côtes, former 2 groupes de boutonnières de 1 m., la 1re à 3 m. du bord droit, la seconde espacée de 8 m.
À 21 (25 / 28 / 31 / 35) cm de haut. après les côtes, former l'encol. en rab. à droite ts les 2 rgs :
2 ans : 1 x 9 m., 1 x 3 m., 1 x 2 m. et 1 x 1 m.
4 ans : 1 x 9 m., 1 x 3 m., 1 x 2 m. et 2 x 1 m.

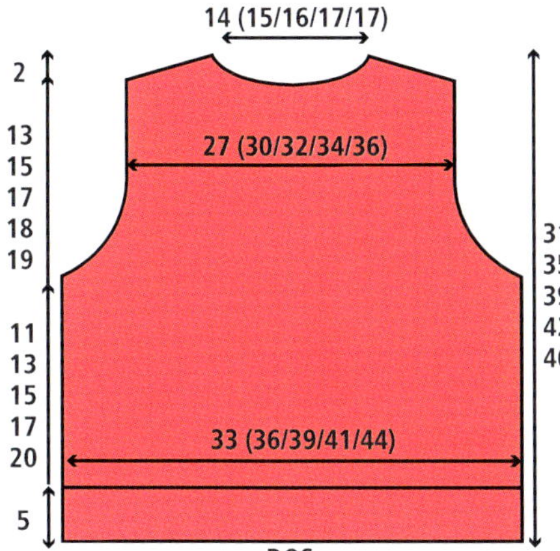

DOS

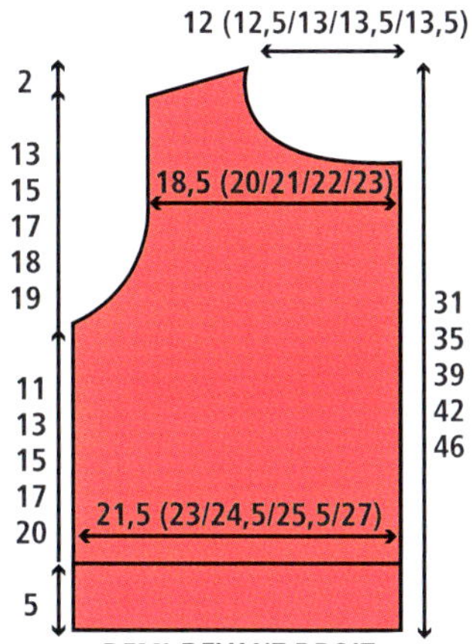

DEMI-DEVANT DROIT

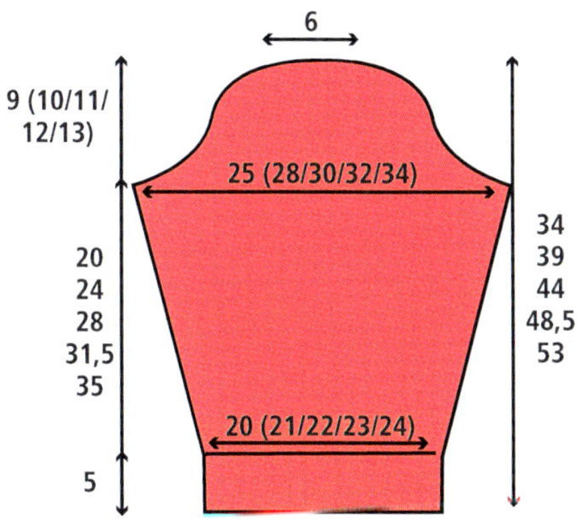

MANCHES

6 ans : 1 x 10 m., 1 x 3 m., 1 x 2 m. et 4 rgs plus haut : 1 x 1 m.
8 et 10 ans : 1 x 10 m., 1 x 3 m., 1 x 2 m. et 3 x 1 m.
À 24 (28 / 32 / 35 / 39) cm de haut. après les côtes, former l'épaule en rab. côté emmanch. ts les 2 rgs :
2 ans : 3 x 3 m.
4 ans : 2 x 3 m. et 1 x 4 m.
6 et 8 ans : 1 x 3 m. et 2 x 4 m.
10 ans : 3 x 4 m.
Tric. le demi-devant gauche en sens inverse (sans former de boutonnières).

Manches
Monter 24 (26 / 28 / 28 / 30) m, aig. n° 6, tric. en côtes 1/1 pendant 5 cm.
Continuer au pt de riz, aig. n° 7, en faisant 1 augm. sur le 1er rg.
On a 25 (27 / 29 / 29 / 31) m.
Faire de ch. côté à 1 m. des bords :
2 ans : 12 rgs plus haut : 1 x 1 augm. et ts les 10 rgs : 2 x 1 augm.
4 ans : ts les 10 rgs : 4 x 1 augm.
6 ans : ts les 12 rgs : 4 x 1 augm.
8 ans : ts les 10 rgs : 5 x 1 augm. et 8 rgs plus haut : 1 x 1 augm.
10 ans : ts les 12 rgs : 2 x 1 augm. et ts les 10 rgs : 4 x 1 augm.
On obtient 31 (35 / 37 / 41 / 43) m.
À 20 (24 / 28 / 31,5 / 35) cm de haut. après les côtes, former l'arrondi en rab. de ch. côté ts les 2 rgs :
2 ans : 1 x 2 m., 7 x 1 m. et 1 x 2 m.
4 ans : 1 x 2 m., 9 x 1 m. et 1 x 2 m.
6 ans : 1 x 2 m., 10 x 1 m. et 1 x 2 m.
8 ans : 2 x 2 m., 10 x 1 m. et 1 x 2 m.
10 ans : 2 x 2 m., 11 x 1 m. et 1 x 2 m.
À 29 (34 / 39 / 43,5 / 48) cm de haut. après les côtes, rab. les 9 m. restantes.
Tric. la seconde manche semblable.

ASSEMBLAGE ET FINITIONS
Faire les coutures des épaules, des côtés et des manches.
Monter celles-ci aux emmanch.
Avec les aig. n° 6, relever 43 (47 / 51 / 55 / 59) m. autour de l'encol., faire un rg end. sur l'env. et continuer en côtes 1/1 en commençant et en terminant le 1er rg et ts les rgs impairs (end. du trav.) par 2 m. end.
À 4 cm de haut. tot., rab. souplement les m.
Coudre les boutons.

Remerciements

Merci à Leeloo, Emma Louise, Enza, Clara, Antoine, Jules, Adrien et Sacha
nos petits modèles de l'agence Coccinelle

Chemise et baskets 3SUISSES, jeans IMPS&ELFS, ballon KIPSTA chez DECATHLON

Leggings JEAN BOURGET, chaussures POM D'API, cerceaux DOMYOS chez DECATHLON

Pantalon IMPS&ELFS, baskets LA HALLE AUX CHAUSSURES, skate OXELO chez DECATHLON

Robe CATIMINI, corde à sauter DOMYOS chez DECATHLON

Baskets montantes 3SUISSES, lampe lapin Miffy FLEUX

Pantacourt LEVI'S, baskets LA HALLE AUX CHAUSSURES, boîte de rangement Légo FLEUX

Short et baskets en toile 3SUISSES, canne à pêche CAPERLAN chez DECATHLON, poisson BONTON

Jupe CATIMINI, bottes LA HALLE AUX CHAUSSURES, cartable BAKKER MADE WITH LOVE

Jeans IKKS, baskets LA HALLE AUX CHAUSSURES, ukulélé MILONGA

Short CATIMINI, bottes POM D'API, chien en tricot géant BLABLA KIDS

Jeans IKKS, ballerines POM D'API, parapluie RUE DU PARAPLUIE

Bottes POM D'API, pouf burger géant FLEUX

Robe rayée 3SUISSES, bottes AIGLE, épuisette CAPERLAN chez DECATHLON

Short jeans 3SUISSES, boots POM D'API, parapluie CATIMINI

Jupe NAF NAF, boots LA HALLE AUX CHAUSSURES, ruban DECATHLON

Jeans et ballerines CHIPIE, sac rayé 3SUISSES

Jeans slim 3SUISSES, rollers OXELO chez DECATHLON

Pantalon CATIMINI, baskets 3SUISSES

Jeans LEVI'S, boots POM D'API, guitare MILONGA

Pantalon IMPS&ELFS, baskets 3SUISSES, ballon sauteur DOMYOS chez DECATHLON

Jeans 3SUISSES, trampoline DOMYOS chez DECATHLON

Jeans LEVI'S, baskets LA HALLE AUX CHAUSSURES, vélo BMX B'TWIN chez DECATHLON

Jupe CATIMINI, boots POM D'API, sac tressé étoiles IKKS

Combi LITTLE KARL MARC JOHN, ballerines POM D'API, cerceaux DOMYOS chez DECATHLON

Pour tous renseignements pour réaliser vos tricots, une conseillère technique Phildar vous répond au 0 825 0825 09*
***N° indigo France 0,15€ TTC/min**
(pour la Belgique, numéro d'appel 056/48.48.44)

Mode :
3SUISSES www.3suisses.fr
IMPS&ELFS www.imps-elfs.nl
JEAN BOURGET www.jeanbourget.com
POM D'API www.pomdapi.fr
IKKS www.ikks.com
CATIMINI www.catimini.com
AIGLE www.aigle.com
NAF NAF www.nafnaf.com
CHIPIE www.chipie.fr
LEVI'S eu.levi.com
LÀ HALLE AUX CHAUSSURES www.lahalleauxchaussures.com

Accessoires :
DECATHLON www.decathlon.fr
KIPSTA www.kipsta.com
OXELO www.oxelo.com
FLEUX www.fleux.com
CAPERLAN www.caperlan-fishing.com
BONTON www.bonton.fr
BAKKER MADE WITH LOVE www.bakkermadewithlove.com
MILONGA www.milongamusic.com
BLABLA KIDS www.blablakids.com
RUE DU PARAPLUIE www.rueduparapluie.fr
B'TWIN www.btwincycle.com
LITTLE KARL MARC JOHN www.karlmarcjohn.com

Éditions MARIE CLAIRE
Publiées par Société d'Information et de Créations – SIC
Une société de Marie Claire Album
10, bd des Frères-Voisin 92792 Issy-les-Moulineaux Cedex 9 – France Tél. 01 41 46 88 88
RCS Nanterre 302 114 509
SARL au capital de 3 822 000 euros

ISBN : 987-2-84831-489-1
N° Éditeur : 38369
Imprimé par G. Canale & C., Bucarest (Roumanie)
Dépôt légal : Septembre 2012

www.editionsmarieclaire.com